妈妈是

一种修行

易小宛 著

四川文艺出版社

U0688417

图书在版编目（CIP）数据

当妈是一种修行 / 易小宛著 . —— 成都：四川文艺出版社，2023.9

ISBN 978-7-5411-6747-8

Ⅰ.①当… Ⅱ.①易… Ⅲ.①家庭教育 – 教育心理学 Ⅳ.① G780

中国国家版本馆 CIP 数据核字（2023）第 167986 号

当妈是一种修行

DANG MA SHI YIZHONG XIUXING

出 品 人	谭清洁		合作出品	三得文化
出版统筹	许　许		策划编辑	孙晓萍
责任编辑	王思鈜		封面设计	车　球
内文设计	白　马		责任校对	段　敏
责任印制	董志强		排　　版	白　马

出版发行　四川文艺出版社（成都市锦江区三色路 238 号）

网　　址　www.scwys.com

电　　话　137 0127 5261

印　　刷　运河（唐山）印务有限公司

成品尺寸	145mm×210mm		开　　本	32 开
印　　张	7.5		字　　数	180 千字

版　　次　2023 年 9 月第 1 版

印　　次　2023 年 9 月第 1 次印刷

书　　号　ISBN 978-7-5411-6747-8

定　　价　48.00 元

辑一 ▶ 今天，你焦虑了吗？——
养娃焦虑心理坑苦了孩子，也累坏了自己

II

辑二 ▶ 这孩子太难管啦——
为什么妈妈这样说，孩子偏要那样做

辑三 ▶ 法系妈妈 VS 佛系妈妈 —— 从焦虑到平和，妈妈需要跨越的心理关卡

IV

育儿事大，真急不得

没有女人天生是母亲，当然，也没有男人天生是父亲。对于毫无经验却仓促上岗的爸爸妈妈来说，他们不得不面对一个从未见过的世界：育儿世界。

这个育儿世界对于新手爸妈而言，无论从哪方面说都极具挑战。

婚姻经济学更是值得每个家庭去探索的学问。但不得不说，全世界的妈妈大都有着一样的焦虑、恐惧和欲望。

人类的每一位成员都会经历从出生到独立这一异常艰辛的过程，而这一过程让女人成为母亲。

如同生活中所有的事实一样，生孩子这件事没办法讨价还价。

有一本书里讲述到，为了孩子，为了一个在你体内发育的生命，你孕育他，耗损自己的身体，把他生下来，泌乳喂养，让他成为你的宇宙，而且这不是几个小时的事，时间也不是几天、几周，而是几年——女性每分每秒付出的母爱，让"自我"与"他人"之间的界限从根本上模糊起来，一边是自利，一边则是对他人无微不至的关怀与照顾。

很多时候生活都会给妈妈们一张提醒单，提醒着妈妈们"永远要提前准备，很早、很早以前就要开始准备"。一个妈妈只要开始拥有孩子、成为母亲，她接下来的所有事情都将环环相扣。

"环环相扣是一种令人很焦虑的育儿方式，让人活得很紧张，因为你永远不能松懈，永远不能休息，不管什么事都一样。"

你要从多早就开始为拥有一个孩子做好优生优育的准备？刚怀孕就需要提前预约好产房？孩子刚出生就得买好学区房？小学真的会影响孩子上哪所大学吗？什么是传说中的神童……自从拥有了孩子，妈妈们不得不面对这样一个现实：似乎自己总是落于人后，似乎一切都因为自己没能早做打算。

很多妈妈到后来焦虑到需要吃药才能睡着，甚至在半夜一个人偷偷哭泣，因为她们会在半夜突然惊醒，担心孩子在学校表现不够出色、孩子怎么变得叛逆不听话了，或老公怎么一点都不关心这个家。

好像妈妈的幸福快乐、她们存在的价值，都得寄托在她们完全无法控制的人和事上。

孩子的反应和表现也常常成为妈妈的焦虑点：孩子表现这么糟，我是不是一个不称职的家长？

育儿过程其实是双面的。一方面，需要家长倾力教导；另一方面，也需要孩子配合学习，谁都无法取代对方的位置。过度焦虑，会让我们失去解决问题的能力，沦为焦虑和抱怨的奴隶。

作为家长，我们要学会抛开别人的眼光，把注意力放在自己能够改变的因素上，这样育儿就会轻松许多。

我们要学会分辨责任的界限。要获得人生幸福，方法之一就是学会"课题分离"，即你的人生是你的课题，孩子的人生有他们自己的课题，不要干涉别人的课题，做好自己就好了。

养育孩子是个自然的过程，有科学的指导会锦上添花，但哪怕走了些弯路也终究会水到渠成。而且，生长在幸福和谐家庭的孩子，优秀是很自然而然的事情。

请消除心里的那些焦虑，享受和孩子相处的每一刻，孩子自然会成长为你所期待的样子。

辑 一

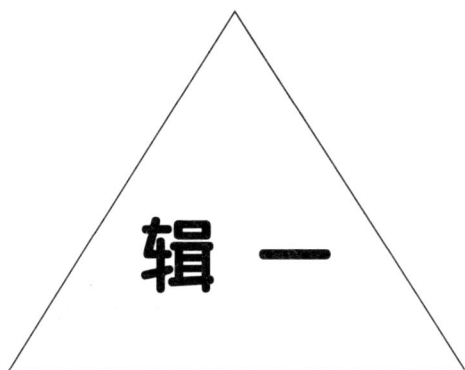

今天，你焦虑了吗？

——养娃焦虑心理坑苦了孩子，也累坏了自己

Chapter 01 妈妈的无限恐慌：别让我娃输在起跑线上

究竟是谁，泛滥了育儿攀比的恐慌?

有的人很难理解妈妈为什么总是在焦虑，但实际上让妈妈焦虑的事情非常多，升学压力、孩子生病、衣食住行等以及其他一点点小事，都可能让妈妈的情绪无法平静。

妈妈焦虑每日一记

孩子
早晨起晚了
上学要迟到了
……

焦虑背后的问题

上课
注意力不集中

昨天
写作业磨蹭

……

孩子上学
迟到了

自己上班
也要迟到了

比如孩子早上起床拖拉、写作业磨蹭、上课不认真听讲、被老师点名批评，妈妈工作加班不能陪孩子……很多时候，这些无止尽的小事就给妈妈造成了压力，更别提令全世界妈妈都焦虑的教育问题了。

2018 年，印度电影《起跑线》戳中无数父母的泪点，他们为了能让孩子接受到更好的教育真的是费尽心思；同年，韩国电视剧《天空之城》揭秘韩国顶尖名流子女教育，令无数家长望洋兴叹；2019 年，薇妮斯蒂·马丁在其书中以自己的亲身经历，为读者揭示了一个美国上流社会在孩子教育的问题上疯狂攀比的现象。她鞭辟入里地形容道："曼哈顿私立贵族学校早上与下午的接送区是世界上最危机四伏、你争我夺、血流成河、龙争虎斗的地方。"

国内自然也不能幸免，朋友圈里经常被顺义妈妈和海淀妈妈刷屏，那种不断渲染的"育儿名利场"更是让很多妈妈有一种来自身边的压力。

在"双减政策"的影响下，家长的育儿焦虑稍显缓解，但仍然有很多家长进入了攀比的旋涡，比玩具、比生日会、比谁给孩子报的兴趣班多……有的家长精疲力竭地去适应这种育儿攀比，最终却发现自己连当个普通妈妈都很难。

对此，有人引入了剧场效应，即"在一个剧院里，当前排人站起来时，整个屋子的人都不得不站起来"。但这种你追我赶的育儿攀比真的有必要吗？换句话讲，当你陷入育儿攀比旋涡的时候，不妨问问自己，你真的别无选择吗？孩子真的喜欢你这样做吗？这样对孩子真的好吗？既然前排有人站起来这么累地看这部剧，那你是否可以换个剧场呢？

从众或许很简单，但是选择一条真正适合自己和孩子的路，才更重要！毕竟想要适应育儿攀比，甚至在育儿攀比中略胜一筹，不仅需要后天的物质条件，还需要孩子的天赋、能力，以及环境等各种因素打好配合。

因此，当你打击、指责孩子时，不妨先问问自己是否能够在攀比家长的赛道中胜出。

积极心理学之父马丁·塞利格曼写道："分清了什么是可以改变的和什么是我们必须接受的，就是真正改变的开始。利用我们宝贵的时间去改变那些可以改变的、值得我们去改变的东西，我们的生活就会少一些自责，多一些自信。这样，我们对于我们是谁和我们在做什么就会有一个全新的认识。"

对于孩子来说，后天影响更重要，妈妈们与其焦虑于育儿名利场，不如抓住一点真正属于自己的东西，与孩子一起快乐成长。

一、高质量陪伴

根据世界卫生组织公布的一项研究数据，那些平均每天能与父母共处超过两个小时的孩子比其他孩子智商要高。

很多父母由于各种原因，会把孩子交给他人照料，很少耐心地陪伴孩子，也有的父母给孩子的陪伴就是一人一台电子设备，互不干扰。

实际上，孩子需要的是优质陪伴，也就是高质量陪伴。

基于游戏玩耍的养育方式是家长和孩子重建亲子深情联结的桥梁之一。除了一起玩游戏，亲子阅读也是孩子未来一笔不可估量的财富。

二、不吼叫孩子

当孩子做错事情的时候，一味吼叫对于解决问题收效甚微，甚至可能适得其反，引发孩子的逆反心理。尤其对于处于叛逆期的孩子来说，言辞激烈的吼叫只会将孩子推得更远。

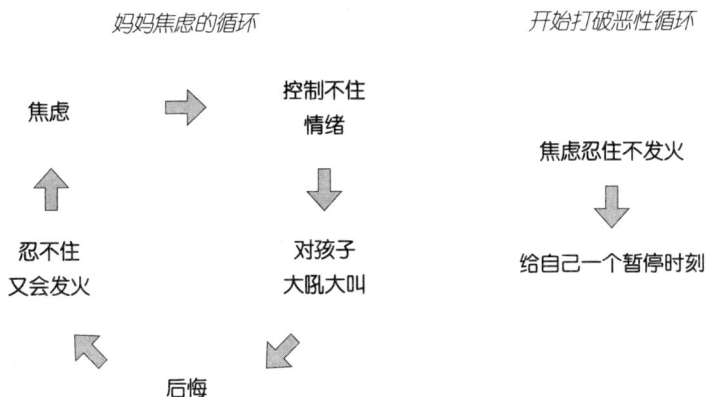

妈妈焦虑的循环　　　　　　　　　　*开始打破恶性循环*

焦虑　➡　控制不住情绪

忍不住又会发火　⬆　　　⬇　对孩子大吼大叫

　　　　后悔

焦虑忍住不发火　⬇　给自己一个暂停时刻

在批评教育孩子的时候，与其大吼大叫，不如运用更容易让孩子接受的"三明治法"，即将批评夹在表扬之中，使孩子更容易接受批评。

三、寻求帮助

没有爸爸支持更焦虑，不要总是抱怨孩子爸爸：学会求助，缓解焦虑：

笨手笨脚

不让人放心

粗心大意

懒

根本不会照顾孩子

就知道玩手机

巨婴

亲爱的，帮个忙呗！

孩子不仅是妈妈的，也是爸爸的。想要减少自己的焦虑，就要学会合作，让孩子的爸爸参与到育儿中来。

四、透过现象看本质

只看焦虑的现象

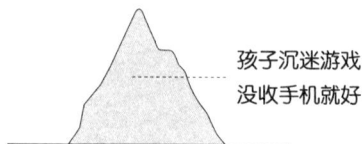

孩子沉迷游戏
没收手机就好

要看焦虑的本质

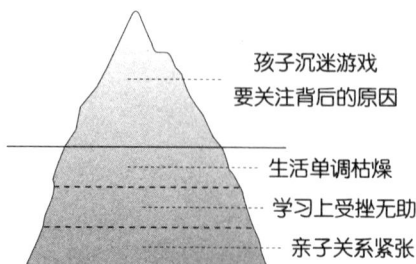

孩子沉迷游戏
要关注背后的原因

生活单调枯燥

学习上受挫无助

亲子关系紧张

看不到问题的本质，解决问题的方法也就很可能治标不治本。

比如孩子沉迷电子设备，家长觉得禁止或者指责即可，但这样的方式简单粗暴，并没有真正解决问题。

孩子沉迷电子设备，很可能是因为觉得自己有些无聊，生活单调又枯燥，抑或升学压力大，找不到发泄的出口，只能用电子设备消磨时间或者寻求虚幻的成就感。

当我们发现问题时，要多观察、多反思，只有找到本质，才能真正解决问题。

潜意识中的望子成龙意外造就了焦虑情绪

网上几乎每年都调研"恐归族"为什么过年不回家，历次调查发现，在"过年回家不快乐"的原因中，除了我们熟知的父母逼婚之外，排名第二的便是与父母"三观不和"引发的各种观念上的冲突。有些父母的不切实际的期望让孩子压力特别大，进而陷入自我否定和自我怀疑的恶性循环。也因为这种不适带来的挫败感，儿女对父母的反驳与抗议便会引起两代人的冲突。

易中天老师对孩子的要求是"望子成人"，即真实、善良、健康、快乐地成长。

他说："为什么一定要成龙？为什么不能成虎、成豹，实在不行，成为一只快乐的米老鼠不行吗？"

龙应台在《亲爱的安德烈》中说："孩子，我要求你读书用功，不是因为我要你跟别人比成绩，而是因为，我希望你将来会拥有选择的权利，选择有意义、有时间的工作，而不是被迫谋生。当你的工作在你心中有意义，你就有成就感。当你的工作给你时间，不剥夺你生活，你就有尊严。成就感和尊严，会给你快乐！"

与其望子成龙，不如让孩子拥有自己的智慧和见识。

家长在孩子成长的过程中需要给孩子勇气和判断力。

让孩子学会通过事物看清问题的本质，找准事物的运行规律，摸清趋势的发展动向。

只有这样，孩子才会找准自己的人生方向，不至于在错的道路上一路狂奔，最后一无所得。

要让孩子保持一个良好的心态，不断开阔视野，让自己的心性逐步趋于稳定。

最好的父母，都在以身作则。

我们希望孩子成为什么样的人，自己就要成为什么样的人。

虽然生存环境不同，但是人的品质是不变的。

如果你希望自己的孩子爱读书，自己就要经常去读书；你希望自己的孩子吃苦耐劳，自己在面对生活的困难时就要勇往直前；你希望自己的孩子善良孝顺，你就要对自己的父母关怀备至。

如果你望子成龙，哪怕你自己无法成为人中龙凤，也要让孩子看到你为了追求目标而不懈努力和永不放弃的精神。

有些家长为了让孩子成龙成凤，给孩子报各种班，布置很多作业，自身却没有做好榜样，试问孩子又怎么能学会自主学习呢？

言传身教才是最好的教育。

父母要做的，是让孩子自己做事，然后鼓励他、支持他，教孩子学会明辨是非，让孩子尽早养成独立和自律的习惯。在适当的范围内，尽量把选择权交给孩子，这样，家长和孩子都会有充足的精力做好自己的事。而且，孩子也会成为他自己想成为的样子。

让孩子变得优秀，家长就要着眼于培养孩子的自信。

培养孩子的自信非常重要，但要明白自信来自本领和能力。一个孩子自信心的培养，需要的是时间、精力和心血！所以我们要让孩子学会坦然面对自己，包容自己，看到自己的优点。

家长要通过鼓励提升孩子的学习效率。

在孩子的读书阶段，不要只关注成绩。家长应顺应孩子的成长规律，不增加无谓的损耗。

孩子的学习成绩只是一个小小的方面，要在这个多变的社会上有立足之地，应该打造孩子的多维竞争力。

父母不要总是在焦虑的情绪下管理孩子，没人会喜欢被贬损，谁都喜欢被夸赞。

每个孩子都有闪光点，看到他的闪光点，挖掘出来，多夸奖他。

这样不仅孩子更喜欢和你沟通，你自己也能放下那些焦虑，和孩子的相处也会更愉快。

好多家长甘愿放弃自己的全部，把精力全部放在培养孩子上。

其实家长应该把自己放在首位，当你自己变得优秀了，孩子耳濡目染，也会变得优秀。

对孩子的教育和培养是一项任重道远的事业，而不是工作。

三毛说，生命的过程，无论是阳春白雪，青菜豆腐，我都得尝尝是什么滋味，才不枉来人世走这么一遭！

既然我们将孩子带到这个世界，就应该放下那些焦虑，尽力做最好的父母，让孩子感知这个世界的风景。

如此，才能望子成龙，望女成凤。

别让你的爱成为孩子的负担

有一位妈妈说，很多时候，她觉得自己是世界上最爱女儿的人，她觉得自己为女儿所做的一切都是为了她好，可有一天，女儿却对她说："妈妈，你给我的爱太多了，你什么事都为我担心，什么事都想帮着我做，可总有一天，我会离开你独自生活呀，那时候，你该怎么办呢？"她回答道："因为你现在还小，等你长大了，我就不会为你担心了！"虽然嘴上这样说，其实，她知道她没办法放手，不管再过多少年，女儿在她心里永远都是孩子，她会始终牵挂着女儿。

可女儿说得很对，如果妈妈就这样一直不肯放手，那等她长大了，怎么去适应这个社会呢？在这个矛盾中，其实做父母的都会挣扎，当孩子慢慢长大，很多事情有了自己的想法，很多事情都需要自己去独立完成，如果再对孩子加倍呵护，这种爱会成为孩子的一种负担，会让孩子觉得很累，而作为家长的我们，到时候可能为孩子担心得更多，那我们该怎么办呢？

其实真正的放手，不仅仅表现在口头上，更重要的是行动上，我们要教会孩子识别危险、避免危险，而不是替代孩子去做那些事。

这话说起来很容易，做起来真的很难。

缺乏相应参照和养育经验的背后，妈妈们很容易陷入一种诡异的下降式螺旋之中："我为孩子做得够不够多？我对孩子够不够好？"即使自己已经累到完全没有自己的空间，却还在自责没有为孩子准备好很多很多成长所需，如果孩子生了病，怪自己太粗心，没有照顾好孩子；孩子独自出门，第一反应就是担心孩子会被人贩子抓走，担心孩子被车撞到。这些妈妈们不断地在社会标准、自我评价和家人肯定中寻找答案，任何一句否定都会促使她们将自我付出全盘推翻。这一切的原因，在于经验的缺乏和自我信心的不足，更在于"人科动物对归属感的认知"。

如果父母能够将孩子的成长放在长远的角度来看，孩子代表未来，孩子的健康成长代表家族的衰落或者兴旺。孩子学习差不一定代表孩子没有健康成长，不听话也不一定代表孩子没有健康成长。这样一来，也许父母就不会只是盯着孩子的分数，完全忽略孩子的身心感受，父母也不会只是因为孩子不听话，没有按照自己的安排去做而愤怒和埋怨。同时父母也会看到，将孩子放在真实的环境中成长远比给孩子造一个假的完美的环境更利于孩子的社会心理成长，这样这世间也就少了很多以爱的名义所导致的悲剧。

如今很多年轻人控诉父母做得不够，父母大喊不公："我都为你付出这么多了，你还要怎么样？"

付出是给予，可给予是爱吗？

心理学家弗洛姆说，爱是一种行动，不是一种消极的情绪——爱主要是"给予"，而不是"接受"。

给予的内容不单单是物质的，还可以是幽默、知识、理解、兴趣，等等。

可是给予很复杂，不单单是家长把这个东西给孩子就行了。

如果给予者将付出视作牺牲，同时有一种被剥夺感，那么他其实是希望对方能够有所回报的，这样的关系本质上是一种交换。那么作为接受方，孩子感到的是内疚和压力。

在很多"以爱之名"的关系里，对孩子的尊重和了解其实很难做到。

孩子的命运，太多受父母各种因素的影响。所以，父母学习智慧地教导孩子的方法，支持孩子健康成长，家族就会一代比一代强。

没做母亲时，我们都知道"母亲是伟大的"，但是只有做了母亲之后，才能切身地感受到，孩子的一切，都与自己息息相关。

有老师说，让父母从自身的觉察和改变开始，深刻领悟怎样信任孩子、怎样支持孩子、怎样做好孩子的榜样以及在孩子犯错时如何正确引导。从爱的意义、爱的支持、爱的界限、爱的成全、爱的方法五个方面教给家长爱的智慧，让家长学会以最恰当的爱滋养孩子成长，支持孩子活出自己的生命动力，成就孩子的丰盛人生。

做了母亲后，我切身体会到了为人父母身上的那份重任。那份重任，不仅仅是为人父母发自内心的对孩子的爱，更是一种对自己作为父母的角色要求与担当：要求自己懂得爱孩子，担当起培养、教育好孩子的重任。

每个孩子从脱离母体那一刻起，就成为单独的个体，随着年龄的增长，身心也在飞速发展着。

所以，对待孩子，我们不仅仅只是表面上将孩子抚养成人。

与其给予孩子财富，不如把孩子变成财富，让孩子内心变得富足，头脑变得有智慧。

为了能更好地认识我们自己的孩子，家长应该去了解每个年龄段孩子的心理特点。

陪伴孩子走完成长之路是我们一生的功课，每个父母都希望孩子健康快乐地长大。

父母就是孩子人生的画笔，所以不要爱得太满，要给孩子的人生留有空间。

孩子将来成为什么样的人，有什么样的人生，选择什么样的道路，与从小父母对自己爱的方式、爱的多少，都有很大的关系。

如果父母真正地为孩子好，就要站在孩子的角度，给孩子充足而合适的爱，理解和尊重孩子。而不是以自己的主观想法为主，想当然地给孩子自己所认为的"最好"的爱。其实，这两者之间最根本的区别，也是造成这种区别的最根本原因，就是：父母是否有一颗愿意去学习和成长的心。

当一个家长发现自己身上的不足以及这种不足给孩子带来的伤害时，会迫切地去学习和成长。

普通家长

聪明家长

觉得自己是无所不知的老师

知道自己需要更多学习

学习是家长一辈子要做的事情。

不要用过度的爱把孩子养成"巨婴"。

有一句话说，教育孩子就像培育一棵小树苗，聪明的家长懂得从小给孩子埋下智慧的种子，不会给他过剩的营养，我们要做的就是，在远方为孩子投来爱与信任的目光，相信孩子有一天终会成长为参天大树，国之栋梁。

养育孩子的路上，只有父母保持一以贯之的学习状态，才能跟上孩子成长的步伐，才能读懂孩子心里所想，助力他们的成长。

"牛蛙之殇"会不会重现在你和孩子的身上?

2017 年,一位上海退休教授撰写的《牛蛙之殇》刷爆了朋友圈,文章中那个患上抽动症的孩子让很多人大呼心疼。

为什么叫"牛蛙"?考上了上海四大名校的孩子就叫"牛蛙",其余的只能算"青蛙",这听起来让人啼笑皆非。

文中孩子的父母一开始就喜欢和邻居家比拼,孩子上各种补习班连续上了三年,最后居然是邻居家的孩子当上了"牛蛙",自己家孩子是"青蛙",这让他们无法接受,甚至感到崩溃。

"我们家一直都要比他们家优越,这次反倒让他们压了一头,让他们嘲讽与看不起,这个气让我们难以下咽。"

比这个更让人心酸的是,孩子患上了抽动症,这种病全名叫"小儿抽动秽语综合征",是一种慢性神经精神障碍疾病,虽然不是很严重,却很难治愈。医生说这是孩子长期遭受压力导致的。

在这个急速发展的社会中,每一个人都有很多负面情绪,每一个家庭都充满压力,似乎所有看起来的美好,都是用舍弃和难熬来堆砌的。这份压力取代了孩子童年最珍贵的无忧无虑的时光。虽然说"吃得苦中苦，方为人上人"，"物竞天择，适者生存"，但是揠苗助长也会得不偿失。

在孩子一次次表达期盼想要享受他这个年龄该享受的童年快乐时，父母毫不在意。在孩子一次次被学校打击，承受到这个年龄不该承受的压力时，父母不仅没有在意，甚至用失望再强加一份压力给他。

一位心理学家曾说过，喜欢攀比的人，在自己一个人能力有限的情况下，往往会把期望寄托在周围最亲密的人身上，有的妻望夫贵，有的望子成龙，如果达不到预期，就会显得暴躁、易怒，甚至引发心理疾病。

如果父母的天空总是布满阴霾，又怎么能够给孩子一片晴朗的天空？

教育孩子之前，家长一定要先正视自己。

攀比心态会造成严重的心理焦虑，其实很多父母都存在着这种焦虑。

这跟原生家庭长久以来的价值观有着密切关系。爱攀比的人，从小跟"别人家孩子"比，长大了跟"别人家老公"或是"别人家老婆"比，有了孩子开始跟"别人家的孩子"比，到老了依然逃脱不了这个宿命，又开始比子女和孙子、孙女。用一句搞笑歌词形容就是："只要你过得比我好，我就受不了。"

《牛蛙之殇》里说的家庭就是个典型，自己家里的孩子考不好就算了，邻居家孩子考好了心里就接受不了。于是小 A 看到小 B 家孩子报了个辅导班，那自己孩子也不能落下，赶紧去报一个；小 B 看到小 A 的孩子也报了，那咱得学得更多，要不然就没优势了，最后比来比去，两家的孩子所承受的压力可想而知。

现在很多家长过度地追求孩子的学习成绩，为了能考高分，能上好学校，不惜牺牲孩子的休息与娱乐时间，逼迫孩子上各种补习班和培训机构，久而久之，给孩子的身心造成了难以逆转的伤害。

孩子成长的平衡之局被打破，结局可想而知。

当我们判断失误或者做错了一些事情，自责是肯定的，但是自责过后我们的注意力应该转移到"之后该怎么纠正错误才最好"这种具体的方向性的思考上来。

所以，请每位家长一定要认真地告诉孩子：

孩子，虽然考第一名很光荣，但是我不希望你压力过大，你只要尽力就可以了！

爸妈爱你，并不是因为你成绩好，仅仅因为你是我们的孩子。

《牛蛙之殇》让人反思，我们教育孩子的目标是什么，我们最终想要培养出一个什么样的孩子。

如果家长没有搞清楚这个问题，就只能随大流，胡乱地逼迫孩子变得优秀。

每个家长都希望培养一个身心健康的孩子。

如何定义身心健康呢？仅仅是身高体重达标、心情愉快吗？

以下这段文字给了一个很好的诠释：

培养一个身心健康的孩子，心理健康的最高水平，必须包含一个人能够自由地运用他的才智解决他自身的问题和所处社会面临的人类问题，还包括一整套稳定和完整的价值体系。

孩子总有一天要独立成长，即使现在尽可能地避免他受到任何的伤害、失败与挫折，但总有一天他要离开我们的怀抱，展翅高飞。与其揠苗助长，不如利用现在的机会，利用好这一次次的冲突与困境，帮助、教导孩子该如何与自己相处，如何与社会相处。

比如告诉孩子在成长的过程中，面对困难时除了哭泣，还有哪些处理方式。如果他能利用自己的方式去面对困难，那么以后即使在心理特别脆弱的时候，孩子也能学着耐心面对。并且，他解决问题的思路也是开阔的，不偏激的。

我们都希望培养一个全面的、立体的孩子。

养育孩子是一条漫长的道路，家长要时刻地反思和复盘，才能确保即使身处这个焦虑的社会中，我们也能够和孩子站在正确的跑道上，赢得人生这一场长跑。

家长不要用自己的判断，打着"都是为了你好"的旗号，阻碍孩子的自我成长和限制孩子的正常发展。每个孩子都有自己的平衡，我们需要了解孩子，了解他们的优势和短板，了解如何帮助孩子做出选择，让孩子各方面更加均衡地发展，培养孩子独立思考和独立处理问题的能力。

家长要摆正心态，如果一个家长随时会心态爆炸，那么他的孩子一定好不了。也许我们很难摆脱世俗的价值观，但至少我们要让孩子在成长的道路上有选择的机会，而不是从不懂事的时候就泡在染缸里，然后陷入可悲的循环。

一个家庭传承的终极意义是什么？我想，应该就是让下一代比我们更能接近真实的自己。我们所积累的财富与资源，并不是要全部交给孩子，而是让孩子在这一切的对照之中，比我们能更快地洞察到自己真正想要的是什么，让他们能够不虚度时光与人生，勇敢地面对一切。

给妈妈的
心里话 **请跳出自嗨式的焦虑育儿**

TIP 1　节省母爱

全世界的妈妈都希望孩子健康快乐，希望孩子感受到被爱，好好长大成人，成就一番事业。

但是妈妈总是很焦虑，总是担心自己做得不够好、不够多，生怕自己对孩子的未来造成什么不良影响。

这样的心理促使越来越多的妈妈就像上满发条的永动机一样忙碌不停、唠叨不停，直到把自己的一切都奉献给孩子。

英国鸟类学家戴维·拉克对亲鸟的观察似乎颠覆了这一观点——往往那些全力以赴，产下最多蛋、照顾最多蛋，耗尽自己所有能量的亲鸟，最后会因为太过努力而造成下一代更高的死亡率。亲鸟想要成功带大下一代，除了要愿意牺牲奉献养育孩子外，也要学会"节省母爱"。

当一个妈妈从内核能量的角度来看孩子成长的这个过程，就会知道自己如何向内走，提升自己的振频，从而由内在的改变，促进外在改变的发生。

TIP 2　摒弃清单式育儿

家长要从清单式育儿转为目标导向育儿。现代社会育儿的方法有千千万万，定位不同、侧重不同，在这样的情况下，好多妈妈会把各种各样的方法当成一个清单，然后一一对照来看自己带孩子是否合格，一旦有一些差距，就觉得无比焦虑。

但是每个人的精力是有限的，每个人的能力是有局限的，我们不能把 N 个不同样本的"最好"拼凑成一个完美育儿模式，来苛求自己。妈妈要懂得选择和放弃，让养育目标更加清晰，记住学习只是手段，最终要为我们所用，而不是被它所羁绊。

TIP 3　多观察，强化积极的对话模式

妈妈要作为自己的观察者，明白自己在生活场景中扮演着怎样的角色，觉察自己会用什么样的处理方式处理问题，是选择反复唠叨，愤怒发脾气，还是包办孩子的所有事情，抑或是其他的做法？一般情况下，父母越唠叨、越发脾气，孩子越不配合。

妈妈应该带着觉察力看自己和孩子的互动，而不是被糟糕的情绪控制。

成长就是通过一件件事情来锻炼自己掌握自己节奏的能力。告诉孩子该怎么面对，然后不用管他，只是提醒孩子，看看他会不会自己调整状态，同时觉察自己有没有真正相信孩子，相信他有能力管理好自己。

试错也是成长的一种姿态，给孩子机会让他们去自己调整自己的节奏。

而且妈妈们要改变自我对话模式，有些妈妈总是会时不时地对自己说些消极的话，像"我肯定都做不到"，"小孩这样一定会被我带坏的"，"我感觉自己是个非常失败的人"，"我太普通了，一事无成"等。

人一旦陷入了这样的对话模式中，就会真的以为自己是那样，变得消极懈怠，最后就进入了焦虑的死循环中。

妈妈们应该注意自己的对话模式，并且努力改变它。要经常对自己说积极的话，像"担心于事无补，事情已经发生了，我现在正在努力解决"，"虽然这件事有些难，但是我在尽力而为，结果顺其自然"，"人生就是一个过程，我们努力过了，以后就不后悔"等。

这也是一个习惯的建立，当妈妈不断去强化积极的对话模式，慢慢地就会改变看待事物的角度，减少焦虑，由此，家庭的氛围也会越来越和谐。

Chapter 02 情绪失控怎么来的? ——我娃不能比别人家孩子差

情绪失控，孩子一样输在起跑线上

某个大数据平台曾经发布过一份《中国妈妈"焦虑指数"报告》。

这一报告显示，妈妈们的焦虑指数和她们所从事的行业有关，工作压力越大，妈妈们的焦虑指数越高。

什么职业的妈妈焦虑指数最高?

职业焦虑指数 = 该职业焦虑妈妈用户 / 所有妈妈用户 × 100

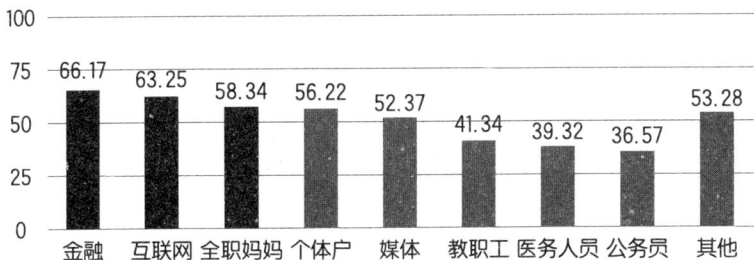

100								
75	66.17	63.25	58.34	56.22	52.37			53.28
50						41.34	39.32	36.57
25								
0	金融	互联网	全职妈妈	个体户	媒体	教职工	医务人员	公务员	其他

职业特性与焦虑指数呈现出比较强的相关性，从事金融行业、互联网行业的妈妈以及全职妈妈焦虑指数分居前三。

从事金融与互联网行业的妈妈焦虑指数最高，没有工作压力的全职妈妈其实也并不轻松，其焦虑指数位列第三。全职妈妈的焦虑不仅来自于繁重的家务事，还有因收入减少带来的经济压力，以及由老公的不理解导致的心理焦虑。

在所有妈妈焦虑的问题中，排在前三位的依次是：孩子的健康、孩子的教育以及夫妻关系。

有了孩子之后，妈妈们会发现，当孩子在身边时，她没有时间做自己；当孩子不在身边时，她也因为担心孩子的成长而做不了自己。这真的是一种进退两难的境地，让一个人的自我和他人的界限日益模糊，这也成为妈妈们陷入无穷无尽焦虑的源头。

十大家庭焦虑因素
相关内容搜索 / 阅读热度

因素	强关联词	热度
小孩健康	强关联词：生病、奶粉代购、心理	73447692
小孩教育	强关联词：学区房、入园、升学	54337116
夫妻关系	强关联词：吵架、出轨、性生活	50672483
小孩人身安全	强关联词：走失 / 拐卖、虐童、校园霸凌	43875451
家庭经济积累	强关联词：理财、收入、开支	39657854
婆媳关系	强关联词：矛盾、生活习惯、孙子教育	37569112
赡养老人	强关联词：老人健康、养老院、空巢	29732217
家务	强关联词：家、分工、保姆	25768083
二孩	强关联词：压力、高龄产妇、福利	21632355
子女婚姻	强关联词：大龄未婚、买房、生子	19521834

从资讯关注热度看，影响妈妈用户焦虑的家庭因素繁多，其中小孩健康、教育、夫妻关系位居前三位，"二孩压力"位列前十。

哪些事最让 90 后妈妈焦虑？

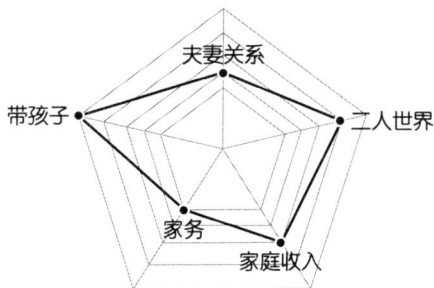

对许多年轻的 90 后妈妈而言，最焦虑的就是"带孩子"。

重重压力之下，"我到底是一个合格的妈妈吗"的自我认知，更让许许多多的女性陷入了孤独的境地之中，也让她们不断地生活在怀疑之中，不断地否定自我的付出，将孩子出现的一切问题都归结于自己的"不合格"，这显然是新一轮焦虑的成因。

如今新手妈妈们都流行"科学养育孩子"，她们的焦虑往往来源于对"科学养娃"的认知。

相比来说，我们这一代人被养育得就很粗糙，父母都是按照老一辈口口相传的育儿经把我们拉扯大的，好像那一辈的父母并没有那么多的焦虑。

其实养育孩子的过程是一个和孩子共同成长的机会，借此我们可以告别自己曾经受到的不正确教育，重新经历被爱、被呵护的童年，弥补自己原生家庭的缺陷，对身为父母的我们也是一个治愈心灵的过程。

在养育孩子的过程中，新旧知识出现差异，甚至相互矛盾，是正常的现象，我们要做的就是遵循科学指导，不断更新自己大脑里的知识库存。

只有坚定了这个信念，才不会出现一边尝试科学养育孩子，一边受到点挫折就直接放弃，过段时间又重新开始折腾的怪圈，也不会陷入无限焦虑的死循环。

如何减少焦虑，是对妈妈智慧的考验，要提高自己的科学素养和逻辑思维能力。

如何缓解自己的焦虑，最好的方法是用健身、心理咨询等正向方式去释放情绪。家庭教育的核心永远是爱，而不是焦虑。花时间打好地基，一切就都会稳稳当当地发展。

放弃比较，珍惜孩子每个当下，关注孩子的成长，做该做的事情，等到花开的那一刻，你会发现一切都发生得那么自然。

妈妈们如何调节自己的焦虑？

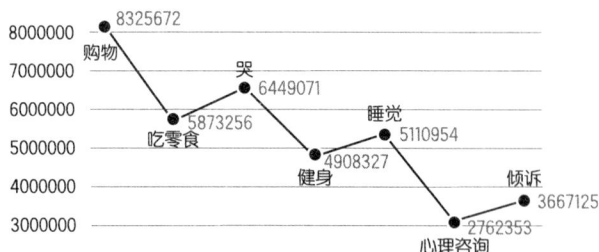

妈妈的心坎：现在比不过，将来就输了

香港无线真人秀节目《没有起跑线？》拍摄的纪录片中，一名怀孕母亲表示孩子要"赢在子宫里"，引起了舆论的热议。

在纪录片第一集勒伦（Lrene）是一位二胎妈妈，她生第一个孩子的时候抱着让孩子自由成长的想法，所以没有刻意让孩子去学好多技能，结果导致了儿子没有幼儿园接收。

所以她不得不跟上时代的"催促"，要让自己还在肚子里的女儿"赢在子宫里"。

节目组还请来两位香港艺人，他们分别在两位家长的带领下，体验了一天幼儿园小朋友的生活。

体验的结果是，那一天的学习生活让两个成年人都觉得喘不过气来。

一天连上两个幼儿园；吃面包的时间被"妈妈"督促学词语；走在路上，任何一个出现汉字、英文的地方，都有可能被抽查问答；为了赶时间，在公厕换校服；幼儿园放学立马连赶几个

兴趣班；终于回到家，发现家里萨克斯风老师已经坐在沙发上等待了。

一天 24 个小时，一个四五岁的小朋友的时间安排可能比 IT 行业的工作人员都紧凑。

而这位妈妈说，小朋友一天上两个幼儿园，这在香港是很普遍的事情。

家长们信奉的是：才艺多，获奖多，你的简历才好看，才更容易获得名校的青睐。

但光学习就够了吗？好像也不够，学也要和别人学的不一样才有竞争力。

别人学 5 个，你就要学 10 个，好像永远都学不够。

你考 5 级，别人就考 8 级，要上小学就要拿到表演级。

普通的乐器别人也能想到，学冷门的没人学的乐器才好拿得出手。

幼儿园不仅规定小朋友在学校里只能说普通话和英文，还开设各类外文课，甚至连编程也已经变成了常规课程，上课随时拿出个电路板让小朋友连接。

参与体验的艺人都在感叹：这是我大学才学的东西，他们 5 岁就要学，那大学里还学什么啊？

这样"丧心病狂"的教育模式，让很多家长有了拼命冲刺的

"执念"，所谓的起跑线也越来越提前。

可是孩子们真的快乐吗？

很显然，不快乐。

《2020抑郁症患者群体调查报告》显示，抑郁症有低龄化发展的趋势。

初次确诊年龄

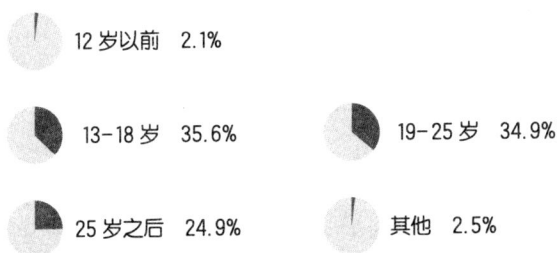

12 岁以前　2.1%

13-18 岁　35.6%　　　　19-25 岁　34.9%

25 岁之后　24.9%　　　　其他　2.5%

大多数孩子可能在对事情产生基本认知理解之前，就已经被迫加入了父母所设定的规划中，为什么要学这个学那个？或许他们内心并不喜欢，只是知道父母要自己学而已。

孩子不快乐的情绪并非完全是因为这样的学习方式，还有家长对待他的态度。

邻居说她家孩子的同学在舞蹈考级里因为失误没有达到预期的标准，在台下偷偷地拿纸巾抹眼泪，而旁边的妈妈只是看了她一眼，说："你看，这一次机会就这样错过了，这都怪你平常不好好练习。"

小女孩强忍着泪水偷偷看了一眼妈妈，那眼神特别让人心疼，小女孩可能是害怕妈妈的责怪，也可能是自责自己的失误。可是，当一个人脆弱的时候，哪怕是一个小小的拥抱都能温暖人心，何况这是一对血浓于水的母女。

很多时候，尽管孩子都不明白为什么自己要那么拼，但他依旧努力做到让父母满意，父母却只看重结果，忽视了过程，让孩子变得越来越没有自我。

可是以童年的快乐为代价，赢在了起跑线上的那些孩子们，最后，就一定能赢在终点线吗？

2021年，极果网发起了一项《2020年度教育支出分析调查》，结果显示，很多家庭对于孩子教育方面的投入在家庭支出中的占比相当高，有的家庭甚至超过50%。

这对于普通工薪家庭来说已然是一笔不小的数目，然而大部分家长还是信奉这种"烧钱教育"。

他们总想"奋力托举"让孩子出人头地，却忽略了孩子跌倒了是否会自己爬起来，这也反映了大多数家长的焦虑。

这个时代的父母跟过去更不一样，攀比的东西也渐渐"升级换代"。

教育投资占比较高

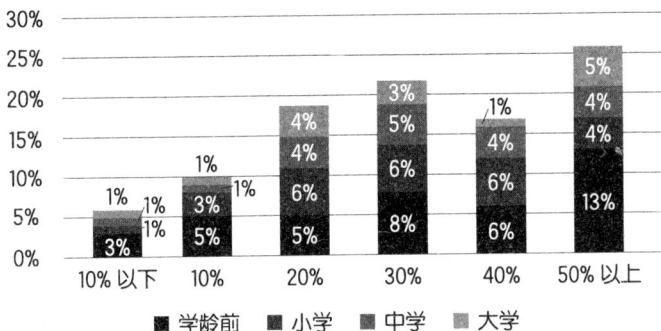

相信在每个人的朋友圈中，都有不止一个喜欢晒孩子的家长，今天孩子去了哪里游学、上了天价的补习班，明天孩子获得了什么稀罕的奖项……把对孩子的这些"教育投资"晒在朋友圈中，他们觉得自己特别有面子。

有攀比心很正常，适当的攀比可以督促孩子进步，可以让孩子更有上进心。我们小时候会跟小朋友比谁得的小红花多，长大了会跟同学比谁的成绩好，进入社会还会比工作、比收入，有了孩子之后，当然也不希望自己的孩子落后于别人。

但是孩子的教育不应该变成家长攀比的战场。

我们努力给孩子最好的，不是因为"别人家孩子都有，我们家孩子也要有"的这种攀比心理，而是因为我们的孩子真的需要，而且我们要让孩子感受到无私的爱，而不是有目的的爱。

教育是为了让孩子在人生中能够多一些选择，多一点主动权，从而实现自己的人生价值，而不是在孩子的人生之初就为孩子选好起跑线，让孩子迷茫地向前奔跑。

家长只有深刻理解了每个孩子的独特性，才能帮助孩子获得自我价值感。

在孩子成长的每一步，家长都应当悉心观察孩子的特质，尊重他，顺应他的天性因材施教，并让孩子体会到自身存在的价值。

隔壁家小孩，是妈妈和孩子共同的内心剧痛

曾经有这么一则新闻，南京一位 13 岁男孩离家出走了，他在便笺上写下这样的话：

你不该有我这样的儿子，再见了，爸爸。

当民警找到他时，孩子很悲伤地哭诉道：

爸爸觉得我这不行那不行，还经常拿我和别人家孩子比，他不喜欢我，我只好走了。

短短几句话，却让人心酸又心疼。

爱尔兰诗人叶芝说，教育不是灌满一桶水，而是点燃一把火。

而攀比，犹如一盆冷水浇在孩子熊熊燃烧的生命火焰上。

"隔壁家的小孩"，是孩子心中的痛，也是父母心里的痛。父

母一旦期待过度，就容易陷入盲目攀比和教育焦虑之中。

很多孩子从小就被父母拿来和"隔壁家的小孩"做对比，一旦达不到父母的预期就会被批评。

他们也想努力变成大人心中期望的那个样子。

别人家孩子在我们眼里或许真的很优秀

学习好　　身体棒　　运动佳

性格开朗　　　　　气质不凡

有爱心　　　　　有教养

高智商　　　　　高情商

上知天文　　　　精通多
下知地理　　　　国语言

很多孩子努力压抑天性、假装乖巧，同时也极度缺乏安全感，假装努力，害怕暴露缺点，害怕不被大人接纳。

所以很多孩子都努力把自己变成"隔壁家的孩子"，这也让亲子关系剑拔弩张，让双方都处在一个窒息的环境中。

最后大人也会痛苦地发现，那个真实的孩子已经面目全非，丧失了真正的自己。

美国著名心灵导师迪帕克·乔普拉（Deepak Chopra）说过："我们现在的样子不是我们刚出生时婴儿的样子，而是被大人放在一个错误的容器里挤出来的变形样子。"我们来到人世间犹如一次因公出差，千万不能忘了这次出差的主要任务是找回自己最初的钻石般的样子！

父母的过度期待，会逼迫孩子逃离。

有一句话说，父母要成为容器，允许孩子的活力自由流动。

被赋予过多的价值，承载太多不应该承担的压力，孩子会感到透不过气。

孩子在经历了与他人的对比之后，会变得自卑、绝望，并且会封闭自己、逃避家庭。

它犹如一个围栏，一层一层地把孩子困在里面，直到孩子没办法挣脱束缚，最后两败俱伤。

这无形之中，也给亲子关系留下了伤痕。

其实我们要正确地看待孩子的成长，应该让孩子像植物一样生长，让他的童年有闪闪发亮的星星和甜到快要融化的冰淇淋。

那些焦虑的妈妈，请让更多的爱投射你们的心声。

从孩子的瞳孔中看到绿意，那些就都会成为你们内心最赏心悦目的风景。

我们要将期待合理化，引导孩子成就自己。

每个人都有虚荣心，都想把自己最好的一面展示给别人看，而藏起来的，往往都是狼狈和不堪。

隔壁家的孩子看起来令人羡慕，其实，他们真正的成长时光，或许并不轻松愉悦。毕竟，我们在别人面前展现的，都是令人艳羡的样子，我们所看到的那些高光时刻，其背后一定有着不为人知的经历。

谁说"隔壁家的孩子"没有烦恼，从小就围绕在他身上的这份光环，长大后也可能会成为他的负担。

他害怕令人失望，恐惧自己高智商的光环暗淡，深陷在优秀的人设中无法自拔——他人期望的压力以及难以满足的自我期望会贯穿他的一生。

窦文涛说，很多父母希望孩子这个产品，自己最宝贵的这个产品，如我所愿。

但孩子不是炫耀的工具，更不能替代我们为梦想前行。

我们要正视孩子的个体差异，脚踏实地地设定一个可行的目标，让期待变成孩子成长的动力。

让孩子内在的火种被自己点燃，这样他们的生命才更有层次，也更为精彩。

当一个人调整好期望与现实的关系，就会增强自我的生活满足感，包括对自己和对人际关系的满足感。

资深心理学家银子在《爱养》一书中写到："在早期孩子的养育方法上，应该尊重'真实'的力量，以平常心看待孩子的平凡普通或是卓越优秀，并且教会孩子悦纳自我。"

和孩子相处的时候，父母应该不带判断、不带情感偏见地做出反馈，关注孩子的内心，让孩子充分且自由地表达自我，并且不随意给孩子贴标签。

父母对孩子说"懒惰、胆小、自私"这些否定性的话语会对孩子造成很大的伤害，要学会客观地评价孩子，不要用极端的形容词来评价他们，给他们随意定性。

很多父母会因为孩子的成功而感到骄傲，这实属一种正常的情感表现。

不要把孩子变成一个可以展示的产品，或是让孩子成为一个实现梦想的渠道和工具，要把孩子当作真正的主体和独立的个体，考虑到孩子内在的需求和心声。

做父母需要抛开虚荣心，尊重孩子生命原本存在的意义。

父母只有接纳真实的孩子，孩子才能学会自我接纳和自珍自重，并且一步步走向独立。

被"催熟"的孩子，会有哪些心理后遗症？

有一位 6 岁孩子的妈妈，从孩子会走路开始，她就带着孩子学习滑步车，孩子的滑步车骑行水平自然也是不错，在许多滑步车大赛中都取得过不错的名次。但是孩子在最近的一场滑步车比赛中表现失常，不仅没有取得名次，还受了伤。然而，这位妈妈不仅没有安抚孩子，还因为孩子的比赛成绩差教育了孩子一顿，孩子不听说教，妈妈情急之下，打了孩子一巴掌。

孩子大哭一场，从那之后，孩子就再也不骑滑步车了，有时候被妈妈逼急了去训练，就会问教练："老师，我怎么才能得第一啊？我怎么才能让妈妈高兴啊？"

对于有的父母来说，不管孩子学习什么，都一定要争第一。因为他们觉得只有这样，孩子才有可能出人头地，不输在起跑线上。不得不说，这样的想法让很多家长都变得焦虑万分，而这种焦虑也传递给了孩子，搞得家里乌烟瘴气、鸡犬不宁，每个人都心事重重。

有的人说，现在就是贩卖焦虑的时代。尤其是对于中年人来说，房子、车子、票子、孩子，每一项都让大家焦虑不已。每个人都像是每天生活在跑步机上一样，需要不停地奔跑。

还有一位妈妈说，她在女儿出生之后，就决定不让孩子上"启蒙班"或"学前班"，也从来不给女儿灌输"只准第一"、只准"凤栖高枝"这样的观念。健康、快乐、轻松，是她给女儿设计好的童年生活。

但是没想到，现实还是给她"洗脑"了。

在亲朋聚会时，有孩子的人总会谈到孩子的教育问题。

在听到她不给女儿报课外辅导班之后，大家都觉得她是外星人，对她就是一番狂轰乱炸。"怎么可以这样？你这样会毁了孩子……"，"起跑线上不能输的……"，"孩子要快乐，但现在如果不给他们一些负担，他们长大了就要受苦……"，"你是不是没找到好老师？我给你介绍几个……"，"现在不培养，长大后就晚了……"

结果，在攀比心理的驱使之下，这位妈妈越想越焦虑，最后还是给快要上小学的女儿报了3个课外班。

父母一旦对兴趣班、学区房的期许过高，焦虑值就会直线上升。尤其是学区房，如果不买，有些父母就会觉得，孩子上不了好小学，初中也不会好，之后考不上好的高中，上不了名牌大学。进入社会，也没有一点竞争力，肯定找不到好的工作，养活不了自己，何谈幸福，那孩子的一辈子岂不是就废了吗？

而这些焦虑不仅仅困扰父母自己，还会在亲子关系中来回传递。

就像米未创始人 CEO 马东曾经说过的那样，"中国父母最可怕的地方就是把自己成长中的焦虑转移给了孩子"。

久而久之，孩子也会觉得自己学习不好，岂不是对不起父母对自己的付出，于情于理都说不过去。有些孩子会因此也变得失眠焦虑，严重的时候，这些焦虑情绪会成为压垮孩子的最后一根稻草，甚至会让孩子抑郁。

很多时候，父母都觉得等孩子长大了，一切就会好了，但实际上并非如此。

北京大学儿童青少年卫生研究所发布的《中学生自杀现象调查分析报告》指出：在中国，每 5 个中学生中就有 1 人曾考虑过自杀。

在这个快速发展的社会，很多年轻人都逼迫自己追求成功、成名，而在此之前，所有的奋斗和追赶都透着一股辛酸，如果不能达到目的，这样的辛酸都被转化为命运的悲凉。

而这样的价值观，很多人都是从小被父母灌输的。

很多父母，小事着急，大事焦虑，总想让孩子跟上自己的节奏，或者跟上他们所认为的"社会主流"的节奏，认为别人家的孩子做到了，自己的孩子也要能做到。这让很多孩子觉得自己像机器一样永远不能停止运转。

从孩子出生就开始比，比谁个头大，谁先会走路，谁背的唐诗多，谁的成绩好，谁的工作好……

如果孩子发展得慢一些、弱一些，就开始着急、焦虑，开始不停地催：快点，快点！

如果孩子的发展再慢一些，家长看着实在着急，就忍不住去帮孩子做，一边做，一边唠叨。

催不管用，就训斥、打骂，逼着孩子去做。

看到学舞蹈好，就让孩子去学舞蹈。看到别人家的孩子画画获了奖，又给孩子报了画画班。

一想到自家孩子要比别的孩子落后了，就急躁、焦虑得不得了。

他们等不及孩子自然成长，等不及孩子的个性显露，而是想尽办法去"催熟"孩子。

结果呢？往往是揠苗助长，欲速则不达。

催熟的果实，虽然表面看起来和正常成熟的果实差不多，甚至更鲜艳、成熟更早，但是它的营养、口味却差了很多，没有自然成熟的那种丰美。

被催熟的孩子也是这样，如果家长不尊重他内在的生长规律，不停地催，不断地干涉，往往会毁了孩子。

这样的孩子长大了，即使满足了父母的心愿，过上了不错的日子，也不一定幸福快乐。

而且因为家长的催熟，孩子会错过很多美妙的人生体验。

每个孩子都是独一无二的，他们有自己的生长节奏。

我们总说尊重孩子，却常常忽视了要尊重他的生长规律。

《教育是慢的艺术》里有一段话是这样说的："我们当前教育往往过于急切地盼望着出成效、成正果，能够'立竿见影'，缺乏一种悠闲的心态，缺少闲心。"

有老师说，要培养孩子的"闲心"，莫过于坚持亚里士多德关于教育的三大原则：中庸，可能，适当。

中庸，是说教育不是为了培养超人，而是要让孩子成人，回归中道，不过分高估自己，也不看轻自己，知道自己和别人一样，都有健康活泼的未来。

可能，是说让孩子知道未来有无限可能性，在别人疯狂往一条道上赶的时候，看得见旁边还有千万条少有人走的路，而那些路，同样平坦开阔，有美丽的风景。

适当，是说每个阶段有每个阶段所学的知识，每个阶段有每个阶段的认知，而不应像大行其道的所谓"培优""竞赛"一样，脱离现实，让孩子过早接受不适合心智的知识。

养育孩子，不要急于求成，慢一些没什么不好。为什么要慢？

因为成长本来就是缓慢的啊，十年树木，百年树人。

每个孩子都有自己的成长节奏，大人要做的，就是尊重他的节奏，放慢脚步，等一等他，并且适时给予引导。

只有这样，才会培养出一个有深厚文化底蕴、幸福感强的孩子。

慢下来，别那么着急，你会看到孩子成长的一点一滴中蕴藏的生命之美，当你参与其中的时候，也会感到满满的幸福。

一生的时间很长，打好地基才能起高楼，请给孩子足够的时间成长。

给妈妈的心里话　别拿孩子来填补你的内心满足感

TIP 1　成为母亲，意味着首先要成为自己

一位母亲为了孩子决定放弃自己的生活，一心只为孩子去活。她，每天为孩子做饭、洗衣，带孩子去参加各式各样的培训班，把孩子的生活安排得毫无空隙。作为母亲，她看上去认真负责、全心全意，甚至是全情投入以至于忘记了自己。她没有自己的空间，没有朋友，没有爱好，没有娱乐。

她的目的只有一个，就是要培养出色的孩子。

只有当孩子取得好成绩的时候，她才能感受到：这就是她的人生价值所在。

将自己的人生价值放在另一个人的"出色"上，我们不难想象，这个孩子会有多大的压力，因为他要承载别人的喜怒哀乐甚至是人生价值，虽然那个人是自己的母亲。

这样的价值自然无法得以实现，孩子要么听话得只能通过沉默

来回应，家长说什么就是什么；要么就是在青春期直接反抗，彻底地对母亲爆发，引发亲子危机。

归根究底，这位母亲并不能真正体察孩子的内心需求，她所付出的一切都是有条件的。让孩子不停地努力也是在填补她自己内心的空虚和不满足感，只是想借助孩子来完成自己的梦想。

而事实上，父母内心的空虚永远无法从孩子身上获取填充物，唯有觉醒过来，通过其他滋养可以将内心充实。

TIP 2　情绪稳定才是第一位

在综艺节目《妈妈是超人》第二季里面，包文婧单独带饺子，面对大哭的饺子，一开始束手无策的包文婧只能跟饺子一起大哭。后来虽然她调整了自己的心态，想用其他办法转移饺子的注意力，但是之前那些不稳定的情绪已经传递到孩子身上，所以饺子就哭得更凶了。

每个妈妈自己带孩子的时候，都会有很多无助崩溃的时候，感觉到压力且无法排解压力的时候，会情绪暴躁，将压力转移到孩子身上，其实这是对孩子的一种伤害，没有任何意义。

只有情绪稳定的妈妈，才有助于孩子健全人格的养成，孩子会更有安全感、更自信，身心才会更健康。

而且妈妈稳定的情绪有助于家庭关系的和谐，对孩子来说，他们在他们的成长阶段，有自己的节奏，他们的表达和管理情绪的能力处在发展期——作为养育孩子的人，家长需要去更细微地感受到孩子的需求，看见孩子的成长。

当家长允许自己看见真实的自己，自然也会允许孩子看见真实的自己。

人在愉悦包容的环境里就容易放松，并说出自己的心里话，说出心里话就意味着它认为自己被看见、被接纳，这样的时候能让人感知到爱的温暖。孩子也是一样的，他的起床气可能是他享受和爸爸妈妈互动的过程，这种过程能让他感觉到自己被爱着。

更重要的是，家长需要放下和突破固有认知的恐惧，向内走，勇敢地为生命中出现的所有事情负责——跳出你自己的认知，去努力看见孩子更多的成长可能。

每个孩子都是独立的个体，家长也是，你要允许自己有自己的期待和自己的生活空间。

属于你的真实情绪和真实期待的声音，你都可以倾诉出来，允许自己被听见。

TIP 3　忠于自己内心的渴望

在传统的观念中，女性嫁人生子之后，在家相夫教子才被视为是正道。然而社会发展至今，女性已经不仅只有回归家庭这一个选择，该如何选择，我们首先要问自己：我想要拥有的生活状态是什么？我希望实现目标的时间是什么时候？我为此可以做出的努力是什么？

就养育孩子来说，我们不得不承认，在最为困难的时候，做父母的真的很辛苦，因为所受的折磨似乎永无止境，对孩子有永远操不完的心。但与此同时，对于作为母亲这件事，人们同样也会充满喜爱，痛并快乐着，这个过程会让女人得到真正的成长。

为人父母这件事，带着救赎性质，具有革新力与创造力，也会让人们打开自我的极限，体验到一种内在的伟大。妈妈们要向内追寻，忠于自己内心的渴望。

TIP 4 **学会有效沟通**

我们教育孩子的目的不是让别人看我们做得多好，孩子多乖、多听话，培养孩子的目的是让他能够了解自己、了解他人，独立应对生命中各种各样的人与事。

林清玄说："表达爱最好的方法是欢喜、奖励与赞赏。"

父母有必要为亲子关系建立一个"情感账户"，不断往里面存储情感。你与孩子相处的时间越多，你越了解孩子，你们的沟通就越有效。

父母和孩子之间只有建立平等信任的基础才能进行沟通，让孩子喜欢你的前提，就是让他感受到你的真心，你没有居高临下，而是和他像朋友一样地相互尊重和交流。

当父母真正听见孩子的声音以后，孩子就会向父母打开一扇不同的大门，同样的一件事情就会获得不同的反馈。

每个孩子都是带着可爱的模样和他自己的色彩来到这个世界。

为人父母，我们要拥有静待花开的能力。

Chapter 03 自己扒一扒，你是哪一种错爱妈妈

不要把孩子的缺点无限放大

已经 12 岁的小伟在父母眼里一无是处：见了长辈不知道打招呼；吃饭、起床总是拖延；上课的时候注意力总是不集中；每天下午放学后总想着玩耍；写作业和考试的时候，总是粗心大意……一说起小伟的缺点，父母总是觉得很头疼。

仔细想想，小伟的这些缺点，大部分孩子都有。可在小伟父母看来，这个孩子糟糕极了。他们当着孩子的面，不是批评、嘲讽，就是责骂，甚至常常当着外人的面指责小伟："你这孩子怎么这么让人操心呢？你看看你这么不懂事，让我们多丢人！"父母这般言语不但没有使小伟改正缺点，反而使他产生了逆反心理，慢慢地变得不愿意和父母交流，做事情也特别消极，因为他觉得父母从来都不会肯定自己。家里来了客人，他就远远地躲在一边。

其实小伟和其他孩子没什么两样，他也喜欢被肯定，而且每个孩子在成长过程中肯定都有表现不到位的地方，都有或多或少的问题，关键是父母如何看待。小伟的父母天天用放大镜盯着孩子的缺点，即使孩子有优点也看不到。这种教育方式让小伟慢慢失去了自信，变得自暴自弃。

每个人身上都会有缺点，俗话说"人无完人"。孩子也不例外。

家长总是希望自己的孩子能更优秀，这让他们过分关注孩子的缺点，并时常把缺点放大来教育孩子，这个过程会给孩子的成长发育带来不利的影响。

比如有些男孩胆子小，有些孩子说话结巴，家长总是把这些缺点挂在嘴边。其实孩子在小的时候，身体的发音系统和对语言的理解及表达功能均不太完善，所以在紧张情形下说不出话来或者出现轻微的口吃现象，都是很自然的事情。如果父母或者老师过度关注这些问题，孩子的问题就会在无形中被放大和强化，引发更严重的心理问题。

一个人某个方面有不足，越是强调，就越会引发其内心强烈的恐惧体验，所以不要过分关注并且强化孩子的某些缺点，以免适得其反。

家长不要过分关注孩子的缺点，我们在对待孩子的缺点上面，应该多引导，少批评，多暗中纠正，少当面点明。因为孩子正处在生长发育阶段，而且有很强的自尊心，孩子很多东西还没有成型，可塑性非常强。

谁都有犯错误的时候，更别说处在学习阶段的孩子了。我们要允许孩子试错，当孩子犯错时，不要当面大声呵斥和指责，应该用正常的说话语气，告诉孩子该怎样做，还要告诉孩子不那样做的影响和后果，不要总是想着成为孩子眼里的权威，因为这会让亲子间的距离变得越来越远，让孩子对父母产生恐惧感。

《孩子对父母的告诫》一文中这样写道：

我的手很小，无论在什么时候，请不要要求我十全十美。
我是"上帝"赐给您的一件特别礼物，请爱护我，抱我的时候要经常训教我所做的动作，指教我靠什么生活，训练我对人的礼貌。
我需要您不断地鼓励，不要经常严肃批评和威吓。
请给我一些自由，让我自己决定有关的事情，允许我做错事或不成功，以便从错误中汲取教训。

请耐心倾听孩子的心声，缩小孩子的缺点，放大孩子的优点，给孩子成长的信心和勇气。

如果我们总是看到孩子的缺点，就会让亲子关系变得越来越淡漠，每一个孩子都不愿意听到父母的批评，哪怕他们真的有很多缺点，他们也希望自己的父母是支持和鼓励自己的那一方。如果我们总是用负面评价来对待孩子，孩子就会觉得父母并不了解自己。时间长了，孩子就不愿意跟父母保持近距离的接触，慢慢地就会疏远父母。

如果家长总是强调孩子的缺点，孩子可能会更自卑。每个孩子都喜欢维护自己的自尊，如果父母总在别人面前批评孩子，他们就会觉得父母打破了自己的尊严，今后很有可能会更自卑。因为他们被父母否定惯了，所以在生活中会很难抬起头来，做任何事情都会显得不自信。

如果父母总是喋喋不休地数落孩子，孩子的脾气很容易变得暴躁，甚至会展现出与父母期望截然相反的状态，因为他们觉得父母总是在挑战自己的底线。这就意味着总是去强调孩子的缺点并不能够让孩子有良好的改变，反而会导致很多不良的后果。

在与孩子相处的时候，我们更应该用南风效应来对待孩子，这样反而能够促进亲子关系。

那么，什么是南风效应呢？

法国作家拉·封丹曾写过一则关于北风和南风的寓言。大意是北风和南风都说自己更厉害，就比赛看谁能将行人身上的大衣脱掉。北风寒意凛然，结果行人将大衣紧紧裹住；南风温暖和煦，行人觉得暖和，因而脱掉大衣。这则寓言后来被引申为社会心理学的一个概念，即"南风效应"或"温暖法则"。

与孩子相处也是一样的，与其剑拔弩张地批评他、强迫他，不如试试像南风一样"温暖"他。

人的一生很长，每个阶段都有不同的收获，父母也完全没有必要总是用负面的态度来评价孩子，我们更应该善于观察孩子的优势。能够找到孩子的优势，并且让孩子发挥出来，这才是我们身为父母应该做的事情。

当家长把孩子的缺点放小，就会用成长性思维看待孩子。成长性思维是按照长远的角度去看待问题，就算现在自家孩子身上的缺点比较多，但这并不能完全掩盖住他们身上的闪光点。

家长要学会给予孩子充分的支持。不要总是觉得孩子的行为或成长速度在某些领域里是不够格的。孩子也像小树苗一样，需要经过风吹雨打才能长成大树，孩子需要受一些苦，也需要不停地历练，这样才能够让自身变得更坚韧。

我们家长应该给孩子更多的宽容，并让孩子朝着自己的目标前进，这样的话孩子的优势就很容易显现出来了。

家长平日里多留出一些时间陪伴孩子，多去观察一下孩子对哪些事情感兴趣，然后尽量地引导孩子，陪孩子一起完成这些事情，让孩子从中找到乐趣，这样一来，孩子不仅喜欢在这些事情上花费时间，也更容易成功。孩子的缺点也会变得越来越少，慢慢地，孩子会成为更加出色的人。

逼孩子多才多艺，就是为了让你有炫耀的底气？

曾看过一个新闻，一位南京家长跟记者说，他对自己当初让女儿学习钢琴的事情后悔了，原因竟然是钢琴无法携带，错过很多能炫耀的场合。

很多孩子都在心里觉得，自己是代表全家来考试的，学习成了他们的负担，父母总拿他和别人家的孩子去比较。

我们在炫耀孩子的同时，早就迷失了：我们是要孩子过得幸福，还是要孩子满足我们的炫耀欲？

其实内心强大、自尊心强的父母，从来不炫耀孩子，因为他们看淡名利，追求自我，也会让孩子去勇敢地追求自我，而不是拿孩子取得的成绩出来炫耀。

父母的过度炫耀给孩子营造了一个虚假的世界，会让孩子变得虚荣。

有一个亲戚把小孩送到了私立学校，天天炫耀学校怎么好，孩子学习如何用功，孩子学了多少种乐器，满满都是自豪感。

去年寒假，亲戚把孩子带来家里做客，待了两天。孩子表现得有点闷闷不乐。

我问她是不是不喜欢这里，是不是有什么心事，她有些不好意思地说："我同学都买了最新款的手机和电脑，只有我还用着之前的手机，好丢脸啊。"

原来在父母极力炫耀时，孩子也在相互攀比中，一旦不如意，就会失望、埋怨父母，变得越来越虚荣。

其实生活在炫耀里的孩子很敏感，在父母的炫耀声中，他们什么事情都要和同学比一个高低，于是就造成了攀比的心理，导致了其嫉妒心变得更强。

浙江义乌的一位母亲每个月给孩子1200元生活费，却招致孩子的埋怨和不满；机场弑母的留学生汪某，因为母亲拿不出高昂的生活费，就在机场捅了前来接机的母亲9刀……

攀比心害死人，孩子活在别人的看法里，生命没有自我价值，不仅累，还会扭曲三观，变得狰狞可怕。

当家长一厢情愿地付出时，也要问问自己：这是孩子想要的吗？你所安排的一切，符合孩子自身的成长规律和心理意愿吗？

当妈妈们聚集在一起交流育儿心得，免不了会谈到教育问题。

是人都有攀比心理，每个妈妈都希望自己的小孩成为他人口中的"别人家的小孩"。

于是，为了追求那些虚幻缥缈的目标，社会上就出现了许许多多不可思议的现象。大家可能听说过现在奥数已经开到了幼儿园，幼儿园已经开始分快慢班。社会上的这些现象说明，好多家长更加看重的是"抢跑"。其实人生是一场长跑，起跑的时候谁站在第一排、第二排根本不重要，这不能决定他就能最先到达终点。但是，现在许许多多的家长都在拼命地"抢跑"，想让孩子在刚开始就用几倍的努力去超越别人。

每一个总想让孩子跑在最前面的家庭背后，都有一对"奋力托举"的父母。

看到别人家孩子买了一双名牌运动鞋，生怕自家孩子被人看轻，赶紧也去买了一双；看到人家小孩多才多艺，不看自家的孩子是否有兴趣，也强行给孩子报了一个班。

综艺节目《少年说》中有一个女孩，站在台上哽咽着对台下的妈妈喊话："妈妈，不要只看到别人家孩子的优秀，您的孩子同样努力。"

没想到，她的妈妈却说："你成绩这么差，谁愿意跟你交朋友啊。"

言语中充满了对别人家孩子的羡慕与妒忌，对自家孩子的不满与奚落。

孩子小的时候我们无限制地满足他们，可是等他们逐渐长大，才发现依然比不过"别人家的孩子"，似乎每一个爱攀比的孩子背后都有一个同样心理的父母。

过度的攀比就像是一个无底洞，吞噬的不仅是家长的"爱"与金钱，还有可能是孩子的整个人生。

在这样的一段亲子关系里，家长对孩子的关心、责任、尊重和了解到位了吗？

人这一生，说到底，拼的还是一个好心态。

很多家长都经历了这样一个心路历程：孩子刚出生的时候，希望孩子上一个好学校、有一个好成绩；慢慢地我们的期望逐渐降低，希望孩子能够正常毕升学、就业，将来顺利成家、生儿育女、生活稳定、工作稳定；到中年的时候能够身体健康、家庭和谐，老年的时候子女孝顺。而家长在自己老年的时候，所有最初的梦想都没有了，此时的梦想就是孩子能在身边陪你晒一晒太阳。

其实我们每个人都有这样一个心路历程，最开始有非常高的理想，但是当我们垂垂老矣时，才真正明白其实我们很多时候是过分追求完美了。

虽然说成功没有捷径，需要经过千锤百炼，但是对孩子的过度强化训练并不能培养出我们所谓的成功的人。让孩子健康快乐地成长，才能让孩子在多变的社会环境中变得更加坚韧和勇敢。

有一个"唐僧妈妈"，是怎样一种心理体验？

据一项青少年对自己的"父母行为"评价的调查，父母的唠叨已经与粗暴、不尊重隐私一同被列为青少年最讨厌的父母行为，唠叨显然已对孩子造成了较大的危害。

我们可能经常会听有的小朋友讲：我妈妈太唠叨了，简直就是一个"女唐僧"。

这里所说的唐僧就是电影《大话西游》中那个总爱唠唠叨叨的唐僧。孩子用他来形容自己的妈妈，是想表达对"唠叨"心生厌烦的一种态度。

为什么很多妈妈成了"唐僧妈妈"？

其实每个妈妈都很爱孩子，她们不喜欢自己唠叨，却又无法停止。

有些妈妈总觉得孩子年龄小，如果不反复地说，孩子是记不住的。妈妈觉得唠叨就是一种教育手段。

但是，有研究表明，孩子六七岁时，是以形象思维为主的年龄，他们不善于理解语言，而更擅长理解行为、动作。所以妈妈的身教，更胜于言传。

如果妈妈总是唠叨个没完，指手画脚，就会让成长中的孩子感觉到压迫感，感觉自己动不动就会出错。

喋喋不休的陪伴，对孩子意味着什么？

当孩子还小的时候，他们对自己的行为判断力还不是很强，当他们自己的行为习惯被成人按照自己的意志随意评判的时候，孩子得到的信息是"原来我的做法不对！我怎么老是出错？我什么都做不好，那我干脆不要做就好了，如果再做错，妈妈还是会说我的"。

当孩子习惯了这种被管束的生活时，孩子的责任感就会降低，可能会事事征求父母的意见，没有了自己的主张。

有的妈妈觉得唠叨是和孩子建立了沟通，是一种交流方式。父母在孩子需要的时候，给予帮助；在孩子有疑问的时候，给予解答……这些都是以孩子需要为前提的。但有时候妈妈们反复唠叨，会打扰孩子的专注力。

父母如果常常唠叨，就会让孩子觉得自己不能得到尊重，容易使孩子形成自我认识的不足，让孩子对什么事都不放在心上，觉得只要妈妈说了我照着去做就行。而且就算孩子真正犯错时，父母反复地唠叨没完，也只会使孩子从内疚不安转变到不耐烦，甚至被逼急了，出现"我偏要这样"的逆反心理和行为。

  心理学研究表明，孩子一旦受到批评，就需要一段时间才能恢复心理平静，而当受到重复批评时，他心里会疑惑怎么老这样对我，孩子挨批评的心情就无法复归平静，反抗心理也就多了起来。

  所以妈妈应该建立规则，用建立规则来替代唠叨，这样孩子就能有很大的进步。

  "少唠叨，多陪伴"，这样的效果才会更好。

妈妈的"好心"催促与孩子的逆反性拖延

有一位妈妈说面对孩子一天的日常，感觉自己就是孩子眼中的"催命三娘"。

早晨催起床：喊第一遍孩子睁开眼睛；喊第二遍，孩子才简单回应一下；喊到第三遍甚至第四遍的时候，孩子这才慢腾腾起来，到处找衣服。

回家催作业：每次孩子做作业的时候，一会儿要喝水，一会儿要吃东西，一会儿又要去厕所。本来二十分钟就能写完的作业，硬是磨蹭到一个多小时才能完成。

晚上催睡觉：到了睡觉的点，孩子还是不睡觉，不是看电视就是吃东西。每次催孩子睡觉都得说十遍以上，有时候孩子干脆假装没听到。

其实这样的现象很多家庭都有。

因为磨叽、拖拉似乎是大多数孩子的真实写照。别说孩子，很多大人也有拖延症，那么怎样才能战胜拖延症呢？家长的催促管用吗？

有时候孩子做事稍微慢了一点，家长就会忍不住去催促孩子，并且期待孩子"不待扬鞭自奋蹄"。但是这样的催促往往起了相反的作用！催促只会让孩子更加手忙脚乱，什么都做不好，然后就会招来家长更多的催促，最终导致恶性循环。

其实家长对孩子帮得越多，孩子会变得越磨蹭。

或许很多家长都做过这样的事情：觉得孩子吃饭慢，主动给孩子喂饭；看到孩子把玩具摆得乱七八糟，就去帮孩子收拾玩具；看到孩子穿鞋子慢，怕上学迟到，就去帮孩子穿好鞋子；怕孩子学习累，所以全部的家务都替孩子做了，甚至袜子都不用孩子洗……

每当我们替孩子做一件事情，其实就剥夺了孩子一次成长的机会。

家长为孩子代劳太多，往往会让孩子养成严重的依赖性，孩子会有些事不愿意做就不做、想磨蹭就磨蹭，知道自己磨蹭后家长肯定会替自己想办法。我们的孩子在成长的过程中，能够锻炼自己能力的事情总共就那么多，要是我们家长替孩子完成了80%，那么你的孩子就只剩下20%的成长空间；但家长要是只替孩子做20%，那孩子可以获得80%的成长空间。

孩子只有在他最舒服的节奏下，才能够不断地学习和成长。

家长的催促往往只会让孩子做什么事情都手忙脚乱，时间长了，孩子不但改不了磨蹭的问题，还会因为家长频繁的催促而变得自信不足、性格怯懦。

家有磨蹭的孩子，会让父母很伤脑筋。

很多家长不去深究孩子磨蹭的原因，而是简单粗暴地把这归结于孩子是故意拖拉，和家长唱反调。

心理学研究表明，大人与孩子的生活节奏、生理节奏以及生命节奏都是大不相同的。

日常生活中，父母往往站在成人的视角，认为孩子太磨蹭，打乱了大人的节奏，总想催促他们快一点，再快一点。殊不知，真正被打乱节奏的是孩子。

有一位心理专家说，父母过多地催促孩子，通常是因为自身的焦虑。当父母无法消化这些焦虑，将它们过多地转嫁给孩子时，伤害就在不知不觉中发生了。

而在心理学上，对处在敏感期的孩子按"加速键"会打乱孩子自己的节奏。经常被打乱节奏的孩子，很容易出现早熟、易烦躁、耐性差等特征，在父母的催促下，会过早地成为"小大人"。也有一些孩子表现为反应迟缓、缺少责任心等特点，在父母的持续否定中甚至彻底失去自信。

虽然孩子有时会用磨蹭来对付我们，但我们没必要因此和孩子生气，也不要总是批评孩子。我们可以和孩子好好进行沟通，心平气和地和孩子把那件事情交流一下，听一听孩子到底是怎么想的。此时我们不要挖苦他，也不要批评他，否则很可能会使孩子迫于父母的威严，产生更为强烈的逆反情绪，不愿意吐露真心。

一直被催促的孩子是没有内驱力的。孩子进入 5 岁之后，自主做事能力已经体现得非常明显，同时也会表现出越来越多的反抗。这说明孩子已经能很清晰地了解自己的想法，并愿意尝试按照自己的想法去解决问题。

家长要引导孩子说出他内心的想法与感受，如果是家长自身的原因，就要综合孩子的自身特点与成长特点，重新审视自身的教育方法与态度；如果是孩子的原因，就要和孩子一起面对，给他足够的时间和空间去让他的内心理解。

我们要学会尊重孩子的感受与意愿。有时候，我们总是从大人的角度去看待问题，去催促孩子该怎么做、不要怎么做。总以为我们是大人，好像家长做出的决定都是为了孩子好，可是孩子也有他们自己的想法，他们对某些事情也会有自己的意见，家长的决定也不一定就是正确的，他们只有真的承受了磨蹭的不良后果之后，才会想着去改正。

我们不要总是去催促他，也没必要非得要求他做这个做那个，我们该信任孩子，让孩子自己去慢慢安排自己的时间。

给妈妈的
心里话

平心静气，让嘴稍息，用点心机

TIP 1 "父母是父母，我是我"

有一个孩子说："每次只要我的话是以'我想''我要''我打算'开头时，妈妈总会等不及我说完，便开始迫不及待地反驳我，或者想办法阻止我。后来我学会了说谎，很多事情都是自己悄悄做了，也不再和她分享心事了。很多她让我做的事情，我也总是搞砸，想用各种方式来让她感受到我的不满。"

12—18 岁的孩子正值青春期，自我意识不断增强，特别渴望独立和自尊，不喜欢被人看作不懂事的小孩子，尤其反感父母的说教、唠叨和限制。如果父母不管住"嘴"，用一成不变的态度和方式对待进入青春期的孩子，就很容易引起亲子矛盾。

孩子小的时候对父母有很强的依赖感，需要父母的保护、指导和关注，并且与父母之间形成了亲密无间的亲子关系。

但随着孩子长大，孩子心智越发成熟，他们开始对生活、学习、周围发生的事有了判断，喜欢发表自己的意见，更善于挑战父母的知识和经验，不愿意听从父母的指导和管教，迫切渴望独立——他们开始觉得"父母是父母，我是我"，并且希望父母不要过多地管自己，给予自己更多的成长空间。

TIP 2　谨防"越位"

在教育孩子的过程中，很多家长都容易出现"越位"的现象。

什么是"越位"？就是家长出于对孩子的关爱而过度干涉孩子，本来一件事孩子自己决定或者做主就可以了，但是家长非要参与和影响孩子的判断。这样就会让孩子误以为家长不信任自己，自己只是家长的"附属品"，好像不管自己怎么努力，永远达不到父母的要求。

与孩子从亲密无间变为划清界限，可以有效地预防青春期家庭教育的矛盾和问题。界限是两个自我之间的分界，目的在于形成父母尊重孩子，孩子尊重父母的各自领域。相互尊重的前提是划清界限，各自负责各自的成长空间，让孩子有自己的事情并且敢于做自己，让家长也有自己的生活空间。

TIP 3　"暂停法"

想让亲密关系变得更加舒适，可以试一试"暂停法"。暂停法包括两个步骤：

第一步，如果受到刺激，焦虑发作，却又想要改变自己的这种状态，就要从意识到问题开始。一旦意识到自己正在焦虑，要立即将自己从引发焦虑的场景中抽离出来，进而控制自己的反应。

第二步，启动暂停，当妈妈意识到自己想要爆发的时候，就要开始启动暂停。如何暂停呢？有一个简单的方法就是，选择一个宁静、舒适的地方，然后将灯光调得柔和、昏暗一些，播放一些柔和的音乐，给自己一个舒适、独立的独处空间，暂时切断与其他人的交流，让自己恢复冷静，缓解焦虑，之后再重新和孩子恢复连接，继续交流。

辑 二

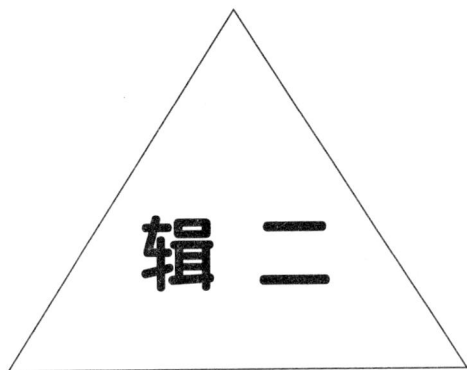

这孩子太难管啦

——为什么妈妈这样说，孩子偏要那样做

▼

▽

Chapter 04 对抗型逆反——"分分分，简直是催命的魔鬼！"

妈妈心里只有分数，孩子对学习产生心理厌恶

在大部分中国传统家长的眼里，分数就是孩子的一个标签，孩子成绩好，自己出门都可以扬眉吐气；孩子成绩差的话好像在别人面前都有些抬不起头。虽然在教育孩子的时候我们基本都会说"我是为你好"，但其中多少都会有一些作为家长的虚荣心在作祟。

实际上，"双减政策"的改革让很多妈妈还不习惯，学校不考试，有的家长会在课下时间给孩子刷试卷。作为家长，对分数过度敏感会给孩子造成很大的压力，久而久之，孩子很容易产生厌学情绪。

上初中的小雨是一个学习成绩中等的学生，作为男孩子，平时爱玩了一点，但是因为想法独特又很有领导力，同学都喜欢跟他玩，学校有活动的时候小雨也是班里的主心骨。不过这些在小雨

妈妈眼里都不足以成为加分项，妈妈的情绪起伏只会跟小雨的成绩有关。

考得差了，那小雨在妈妈那里就"一文不值"了。

有一次，小雨数学考了80分，由于考试题目比较难，小雨看到成绩还是很开心。但当他回到家，妈妈根本没有听他的解释就劈头盖脸地批评他："我看你现在是彻底放弃自己了，考了80分还高兴？你现在都还没有上高中就考这么少，以后我看你连重点高中都去不了，你看人家隔壁的文文，每次考试低于95分都要自己反省的，你就不能用心好好学习？你想想你要什么没有满足你？就学习这么一件事你都干不好，天天就知道玩！"

妈妈一通批评下来，小雨特别委屈，也特别伤自尊，感觉自己只有在成绩好的时候才是妈妈的好儿子；成绩差了，似乎家里都没有自己的容身之处。慢慢地，他也开始讨厌学习，甚至偷改试卷上的考试分数……

你看，本来只是测试成绩的问题，最后变成了孩子的品德问题。这难道不该引起妈妈们的重视吗？成绩固然重要，但并不能够定义孩子。妈妈们这种过于在意分数的扭曲心理会影响孩子的价值观，让孩子把分数也看得很重要，甚至像小雨那样为了一个妈妈满意的分数而去做错事。

妈妈在教育孩子的时候，要注意以下几点：

第一，千万不要走极端，眼里只有分数的家长会忽略更多更重要的事。每个孩子都有自己的优势和特长，即便是学习成绩一般，也可能有分数比较高的科目。但如果妈妈直接盯住孩子的成绩短板不断强调，即便不是批评，也会让孩子产生压力，产生厌学情绪。

第二，由于孩子的价值观和世界观都还不成熟，很多事情没有决断能力，如果妈妈一味用成绩给孩子施压，那么孩子在达不到父母期望值的时候就容易对未来产生焦虑情绪甚至自暴自弃。

第三，如果妈妈过于执着于成绩，那么就可能忽略自己教育过程中的尺度，对孩子过于严苛，使得心智不成熟的孩子开始排斥父母，甚至敌视父母。

妈妈不能"双标"自己的孩子，在管学习的时候，就认为孩子不够成熟，要严格管教；而当管教的时候又期望孩子懂事，能够理解父母深沉的爱。这种矛盾心理也会让孩子产生混乱。

优秀的教育从来都不是父母的一厢情愿。所谓"授之以鱼不如授之以渔"，分数只能是"鱼"，而孩子的思维能力、学习方法以及孩子对周围的兴趣和好奇心才是决定孩子未来的根本。如果你还比较迷茫，那么可以从以下几方面入手：

1. 转移注意力，多关注分数之下的内容

成绩只能代表一个阶段的学习成果，同样的授课，如果孩子学习成绩不佳，那么有可能是学习能力的原因。因此妈妈要多关注

孩子的学习能力。比如在考试之后和孩子一起分析总结，哪部分是弱项，原因是什么，等等。

具体来说，学习能力主要包括学习目标和学习方法两方面，学习目标自然不用说，如果没有明确的目标，那么孩子可能在学习的过程中会比较迷茫，制订一个能够激励但有能力达成的目标是关键；另一方面，学习方法也就是学习习惯也是非常重要的，家长要注重对孩子学习习惯的培养，比如课前预习、上课做笔记、复习、阶段总结等，同时也要引导孩子建立良好的时间观念，以便安排作息，进行时间规划。

2. 多关注孩子的综合素质

一个孩子可以有很多标签，学习成绩仅仅是其中的一个，而不是唯一的一个。现如今更多的家长开始注重孩子的全面发展，因此妈妈也不能厚此薄彼，只着眼学习成绩，也要多关注孩子的综合素质。

首先，最基本的就是身体素质。身体是革命的本钱，保证孩子进行适量的运动，健康成长。除了身体健康，也要注重孩子的心理健康，注意孩子的情绪变化，以确保孩子身心健康可持续发展。

其次，要引导孩子正确地认识自己，孩子对情绪的感知是很敏感的，因此妈妈要引导孩子找到自己的特长，知道自己的缺点，扬长避短，发挥自己的优势，建立自信心，以应对未来的挑战和压力。

不管什么时候，妈妈都要记住，只有父母的教育观念发生变化，孩子才能在良性的家庭教育中受益终生。不要再片面地看待孩子考试分数了，也不要孩子成绩有波动就情绪失控。要记住，父母永远是孩子的老师，你的情绪带动着孩子的情绪，只有理性地看待成绩，放下对分数的执念，孩子才能全面发展，勇往直前。

为什么一边心疼孩子，一边加重他的学习负担？

现在有很多妈妈都站在选择的路口不知该往哪边走，一方面妈妈心疼自己的孩子，不希望他太累；另一方面，看到很多优秀的人都在努力，怕孩子流于平庸，所以不得不让他上更多的补习班，用更长的时间去学习……这何其矛盾！

妈妈对孩子的感情可能是最复杂的了，从生命的孕育，到与他见面，设想他的未来，哪个父母对孩子没有期待，不希望他成为最特别的那个人？但要知道，对孩子的期望值过高，就会把孩子放在一个很尴尬的位置。

对孩子的未来如果太有执念，家长有时可能就会有不切实际的"神童梦"。因为看了太多"比你优秀的人还比你努力"的营销鸡汤文，对孩子的未来感到忧虑，怕心疼孩子过了头成为溺爱，使得孩子在未来缺乏竞争力，因此发现孩子对什么感兴趣，哪些方面有特长，就铆足了劲儿培养，却忽略了加在孩子身上的学习负担。

比如孩子认字比较早，就希望孩子在幼儿园认全所有汉字；孩子记忆力优秀，就希望通过培养让孩子有过目不忘的本事；孩子比较聪明，就希望孩子能够跳级提前学完课程，以保证孩子赢在起跑线上……

不可否认，有的孩子确实天赋异禀，但不是每个孩子都如此，不是每个孩子生来都是天才，很多孩子即便付出了99%的努力，也不可能成为爱迪生。如果硬是要把孩子往天才的方向培养，那么最终只会阻碍孩子的成长，不利于他的身心发展。

小米是一个对数字很敏感的孩子，很早就展现出了在数学方面的天赋。小时候，在其他孩子还掰着手指头数数的时候，他就可以数到100；其他小朋友还在掰手指计算1+1的时候，他就可以心算100以内的加减法了，甚至刚进入小学，小米就已经能够进行100以内的加减乘除了。

小米的妈妈在注意到小米的天赋后，就认定了儿子的与众不同，她觉得自己要好好培养，否则就是浪费了孩子的天赋，于是就帮小米报了奥数班。

在送小学一年级的小米去奥数班的第一节课，小米妈妈摸着小米的头，解释道："小米，你喜欢数学，现在学校的课程对你没有挑战性，所以妈妈帮你报了奥数班，在那里你可以学习到更多有趣的数学知识。你就当在里面玩，妈妈希望你开开心心地学习，虽然可能比其他同学的课程多了一些，但你以后会有更多的时间玩。"

　　妈妈说完，小米似懂非懂地点了点头。一节课结束，老师表扬了小米，就连奥数班其他家长也夸赞小米，说小米是个数学小天才，甩开其他同学一大截。再看小米也很开心，小米妈妈悬着的心算是放下了，更认定了小米是个数学天才。

　　于是，小米的妈妈给小米设定了很多目标，并且开始报更多的特长班，例如编程、心算等。妈妈虽然心疼小米辛苦，但总是说："今天累一点，以后就有大把的时间玩了。"小米懵懵懂懂，不断奔波于各种补习班，假期还有各种比赛，而小米也不负众望，总是在比赛中获得优异成绩。

　　但小米越是优秀，妈妈报的班以及带他参加的比赛就越多，就像总是没有尽头的路，终于，在小米 12 岁的时候，一切都变了。12 岁那年重新分班之后，在同学的带动下，小米迷上了踢足球，因为爱好多了，时间分配就出现了问题，由于没有时间踢足球，他开始有些讨厌数学了，甚至会逃掉课外培训课和朋友踢足球。在一次抽查点名的时候，课外培训班的老师发现小米没在，就赶紧联系了小米的妈妈。

　　妈妈找了一大圈也没找到小米，自然很是生气。小米直到晚饭前才自己回到了家，妈妈冲着他发了一通脾气后决定禁止小米踢足球。小米很难过，他觉得自己一直很听话，但就这一次放松也不被允许。妈妈所说的什么比赛拿好成绩可以被重点学校破格录取之类的事情他并不在乎，因为学习就像是一条没有止境的路。但他又很难跟妈妈发火，因为妈妈为了他辞职，每天给他搭配营养餐，还带着他东奔西跑去上课、比赛，他不能辜负妈妈。

只是小米再也没有了学数学的兴致，虽然仍旧努力，但是学习效率很低，最终比赛成绩很差，之后逐渐走下坡路，成为另一个版本的"伤仲永"。

孩子在某些方面展现出兴趣，家长适度地引导、进行培养不能说不对，但如果让学习成为孩子的负担，那就得不偿失了。尤其很多妈妈一边尽可能地对孩子好，一边又不断增加孩子的学习负担，这种情感绑架也让孩子对父母的情感比较矛盾，长此以往孩子甚至会把父母和学习联系到一起，产生抵触情绪。

其实，作为家长，培养孩子也是为了孩子好，但父母需要明白一点，可以要求孩子努力但不要过早地要求孩子去拼命，这样只会消耗孩子对学习的兴趣。孩子只有在健康快乐的基础上，才能走上康庄大道。妈妈也不要把培养孩子当成自己一生唯一的任务，明天是不可预测的，不要过早焦虑孩子的未来，只有正确支持孩子的兴趣爱好，才能给孩子的梦想插上翅膀。

不考前三，其实并没有天塌地陷

曾经遇到过这样一个咨询案例，一个学习成绩非常优秀的学生，有一天看书却突然开始头疼、头晕，甚至感到恶心想吐，就连做试卷解题都成了问题，最终不得已退学。辗转多个医院之后，家长发现，这名学生并没有身体上的病变，而是心理上出了问题。

原来这名学生在高二转到重点学校重点班之后，第一次考试没有像以往一样考第一，甚至连前三名都没进去，这巨大的落差对他的心理产生了巨大的冲击，以致有了后来的问题。

现代社会人才济济，而且竞争已经从职场下沉到了校园，为了孩子以后能够站在有利位置，妈妈们努力地在"源头"让孩子争个第一，以确保赢在起跑线上。父母用尽全力为孩子争取优质的教育资源，同时要求孩子对得起自己的努力付出，拔得头筹。

很多妈妈都有孩子成绩出现断崖式下滑的经历，一开始孩子成绩还过得去，但是不知道从什么时候开始，孩子的成绩就突然出现了很大的落差，其实在这种时候，孩子的心理才是父母应该优先考虑的，但是很多妈妈往往都忽略掉了这一点，一看到这种情况自己的火就先上来了，孩子察觉到父母的情绪，就马上进入了"罪人"模式，变得战战兢兢。

孩子成绩下降有很多原因，学习成绩差也不能片面地认为孩子没有努力学习在不同的学段，随着课程难度的增加，受到各种客观原因的影响，孩子学习成绩偶尔下降也是正常的，妈妈们要理解出现这种情况的可能性，避免情绪失控，给孩子带来不良影响。

小明是一名优秀的漫画家，在业界小有名气，但是他的这份事业可以说是误打误撞得来的。小时候的小明在美术方面并没有特殊的兴趣，虽然喜欢画画，但从来没有想过这是他未来的职业，当时的他只想好好学习，未来成为一名作家。

小明的妈妈在知道小明的梦想之后，给予了很大的支持，并且帮助学习不错的小明一起制订学习目标，在很早就确定了未来要去的大学。小明学习非常努力，一直保持着全班前三名的好成绩，按照这个走向，他考上理想的大学是板上钉钉的事。

但人算不如天算，在高二文理分科不久后，因为一次交通事故，小明整整休息了一个月，再回到学校的时候，本来理科就很吃力的他开始跟不上数学和物理的课程，不管他怎么努力都无法听懂内容，而且之后偏科越来越严重，成绩也开始下滑。

其实一开始成绩出现下滑是小明一家预料之中的事情，但是马上就要升高三了，成绩还是无法提升，小明也不禁有些懊恼了，这个时候小明的妈妈提议他考美术特长生，这样一样可以选择优秀的学校。在父母的鼓励下，高三时小明开始了特长和文化课两手抓的学习生活，最后以特长生的身份进入了理想的学校，毕业后结合他写作的天赋，成了一名漫画家。

每个父母在养育孩子的过程中都是经历过一些起起落落的，很难保证只要给孩子最优越的学习条件就能让孩子一直优秀，但即便孩子成绩差了一些，也不代表天塌地陷。条条大路通罗马，完全可以重新出发，也可另择幽径绕道而行，但前提是需要一个好的心态。

父母对孩子，尤其妈妈对孩子的影响是非常大的，如果妈妈不能控制自己的焦虑，无法理智冷静地对待失败，那么孩子在挫折面前是很难建立自信、重新开始的。实际上，每次孩子成绩下滑，对于他们自身而言，都是非常大的一次打击，因为这是他们自身面临的情况，而很多妈妈往往搞不清楚，看到孩子成绩下滑就感觉孩子对不起自己的教育付出，此时孩子面对的除了无人疏导的挫败感之外，还有妈妈的滔天怒火，这显然是不合适的。

因此，妈妈要首先端正自己的心态。适度的学习压力可以转换成动力，但绝不能让学习成为孩子的负担。时代在不断进步，教育也是一样，学习好不再是唯一的出路，要帮助孩子建立好面对挫折的正确心态，尊重孩子身心发展规律，避免孩子成为经不起挫折的学习机器。

除了数理化，还有琴棋画，你考虑过孩子的兴趣吗？

随着时代的不断发展，社会对下一代的要求也越来越多了。现在，每个妈妈都给孩子报了各种各样的特长班，仿佛孩子没有特长就没有未来。

现在的教育机构开设了各种各样的课程，以满足家长对孩子德智体美劳全面发展的需求，有美术班、音乐班、舞蹈班、体育班，甚至还有思维、乐高之类的智力开发课。虽然大部分妈妈都经历过被学习控制的童年，希望自己的孩子能够快快乐乐地度过童年，但是周围的育儿环境似乎又不允许这样。

看到孩子同班同学都报了美术班、舞蹈班和跆拳道班，你报吧，确实孩子压力不小；你不报吧，就觉得孩子落后了一大截。很多妈妈对待特长班都有这样的一个困惑，就是为了孩子好，尽可能地培养孩子的兴趣，最后却适得其反，孩子不但讨厌特长班，而且对自己也有了抵抗情绪。

粼粼的妈妈就有这样的疑惑，她曾经希望能够让孩子自由成长，因此并没有定向培养孩子哪方面的爱好，毕竟孩子还小。但是孩子入园之后，她发现和粼粼一起入园的孩子都早就报了各种各样的特长班，为了不让孩子落后其他人太多，粼粼妈也在权衡之后赶紧报了小提琴、美术和奥数班。

一开始因为新鲜感，粼粼并没有不开心，但是随着课程的深入，问题就来了——粼粼不喜欢乐理课，也不喜欢对着静物画素描，而且这些特长班占用了他很多的时间，尤其是奥数班，明明已经掌握了课本的内容，但补习班老师总会讲很多让粼粼昏昏欲睡的内容。

当粼粼快要升入初中的时候，他终于爆发了。"六一"儿童节这天本该是粼粼最开心的一天，在这天他想要放松地玩，但妈妈非要送他去上奥数班。这就像是压倒骆驼的最后一根稻草，粼粼在这天情绪崩溃了，和妈妈大吵了一架。

注重孩子德智体美劳全面发展并没有错，培养孩子的特长也没错，但如果家长忽略了孩子的感受，一味地安排孩子不多的课外时间，那么就会给孩子造成很大的压力。孩子在每个成长阶段都会有自己想要做的事情，家长没有必要揠苗助长，强迫孩子培养特长。

对于一些妈妈而言，可能自己小的时候并没有像现在这样有良好的条件上各种特长班，因此在她们看来，给孩子报了各种兴趣班，应该是有意思的事情才对，但她们忽略了孩子的兴趣点。就像有的妈妈们钟爱看电视剧一样，并不是所有的电视剧都能够引起她们的兴趣，感兴趣的影视剧看起来没够，不喜欢的内容看上一集也是煎熬。同样的道理，没有站在孩子的角度去思考他的喜好，就很容易出现教育失误，这样不仅不能让孩子快乐成长，还会引发孩子的抵抗情绪。

孩子的耐心非常有限，因此妈妈们在课外班的选择上就要更加谨慎，不能想着各种班都尝试报一下，这样不仅消耗孩子的耐心，还会给自己增添负担，到时候谁的心情都不会太好。如果实在不知道该怎么做，可以尝试从以下两方面入手。

首先，父母要正视孩子的需求和喜好，找到孩子本身的天赋。每个人都有不同的天赋，有的人善思考，有的人善言谈；有的人动手能力强，有的人思维逻辑强；有的人喜欢自己研究，有的人喜欢团队合作……个性不同，不能一概而论。妈妈不能自己希望孩子未来怎样，就强制性地培养他并不擅长的方面，比如孩子天生内向，作为妈妈就不能把它视作缺点，强行通过一些课外班进行纠正，孩子不自在，表现不会好，老师会批评，同学会嘲笑，此时特长班就成为孩子的噩梦，而你就成了这一切的始作俑者。

其次，要多观察孩子，不要让孩子脚不沾地，学习以外什么都不管，要尽可能让孩子多接触生活，在孩子的行动中寻找孩子的闪光点。

　　小野的妈妈就是这样做的。小野是一个闲不住的孩子，天天叽叽喳喳，课堂上也很难乖乖坐着不动，上幼儿园的时候老师就发现了这点，并且跟小野妈反映了这个问题，不过老师也说了，小野的语言组织能力和表达能力都很强，孩子们也喜欢听小野讲故事。

　　于是小野妈决定带孩子参加主持人启蒙班，通过试听课进一步观察。结果发现小野对此很感兴趣，小野的妈妈二话不说给孩子报了名。之后小野成了启蒙班的小明星，年龄最小，进步最快，相比那些被父母强制送过来的孩子，小野就像在自己家一样自在。

　　就这样，在小野妈妈的培养下，小野不仅主持了幼儿园的儿童节活动，还开始尝试写主持稿；不仅在市里比赛获了奖，还参加学校辩论赛，开启了新的领域。

　　聪明的妈妈会带着孩子一起快乐地成长，而不是苦大仇深地逼着孩子去做不想做的事情。找到了孩子的兴趣点，孩子不用督促，家长也会更轻松，这难道不是理想中的教育方式吗？

给妈妈的心里话 **幸福的孩子才会学习好！**

TIP 1　关注情绪教育

现在大部分妈妈都想要让孩子德智体美劳全面发展，却忽略了孩子的心理健康教育，忽视了孩子的情绪教育。

有的妈妈可能说了："他能经历什么事啊？每天两点一线，无非就是学习和学校那点儿小事呗！"但妈妈们忘记了，孩子在成长的过程中不但情感在发育，其心智发育也尚未健全，他们更是没有见过什么大风大浪，但正是因为生活经历太少了，所以他们的情感更加脆弱，在遇到挫折的时候更加需要妈妈的情绪疏导，如果被忽视了，就很容易出现心理问题。

其实现在已经并不鲜见了，尤其是十几岁的孩子身上普遍有悲观情绪，他们觉得生活不如意，觉得未来很渺茫，做什么事情都提不起精神。

随着时代的发展，孩子的成长节奏不知不觉加快了，有时身心发展不统一，跟不上趟时很容易产生心理上的问题。尤其青春期的孩子，他们对环境的改变以及周围的一切都比较敏感，加上此时感情比较脆弱，如果在他们需要情绪疏导的时候没有及时进行疏导，就等于挥开了孩子求助的手。

当妈的没有不爱自己的孩子的，对未来有再多的期许也是建立在孩子健康快乐基础上的，如果忽视了孩子内心的情感需求，那么再好的成绩也只是一现的昙花。现在孩子们生活中的压力并不少，比如学业压力、和同学之间的竞争等，当繁重的学业和父母的高期待交织在一起的时候，他们尚未成熟的心灵就比较容易崩溃。

TIP 2 提升孩子的幸福感

幸福感的缺失不仅会影响孩子的心理发育，还会对其身体健康造成威胁，比如厌食、失眠、抑郁等。

可以从以下几方面着手解决：

1. 帮孩子寻找自己的优点。有时候妈妈总是站在纠正的角度去批评孩子，即使孩子哪些方面做得稍好一点，也不会过多地重视，但这样就会让孩子感到自己没有优点，只有缺点，不利于自信心的培养，时间久了，孩子就会产生自卑心理。因此，要想提升孩子的自信心，就要客观地看待问题，只有在孩子有错误的时候帮孩子认识错误，指出纠正，同时多去挖掘孩子的闪光点，多让孩子认识自己的优点并不断强化，才能让孩子越来越自信，越来越自爱。

2. 随着年龄的增长，孩子慢慢会产生自我意识和分析能力，但就像成长的过程一样，孩子的自我分析能力也是一个逐步发展的过程，因此有些时候很难客观地去分析，比如情绪波动大，遇到表现好的事情就开始骄傲，遇到一点挫折就悲观厌世等。作为妈妈，一定要抓住这个机会引导孩子参照其他人、参照以往的经历进行自我分析，避免孩子自卑或者自负。

3. 孩子的自我情绪调节能力比较弱，而且很容易受家长情绪的影响，因此妈妈要首先锻炼自己的心理调节能力，进而帮助孩子加强自我心理调节。多和孩子沟通，这样孩子在遇到问题的时候才愿意向父母倾诉，才能第一时间发现问题。

Chapter 05 青春期逆反——"牧野鹰扬,青春为王"

躁动的青春期,不由自主地产生敌意

"你小时候那么乖,现在怎么那么不听话?"这可能是很多妈妈在面对青春期孩子时的困惑。

说来也奇怪,一直听话的孩子到了青春期就变成了炮仗和刺猬的结合体,别说管教他们了,就是什么都没有做都有可能收获来自孩子的敌意。

为什么好好的孩子开始变了?如果妈妈有这样的想法,就一定要先了解一下青春期。每个人都有过青春期,妈妈们也不例外。在青春期的时候,孩子从身体到心理都会发生很大的变化。在这个特殊的阶段里,孩子的情绪波动往往也是比较大的,而且比较容易受到各方面环境的影响。

对于妈妈们而言，再也没有比自己最疼爱的孩子与自己为敌更加让人难接受的了，更何况这个孩子从前还很乖。其实，如果你对青春期有了透彻的了解，就不会这样难以接受了。

为什么青春期的孩子一定要和父母对着干呢？

一方面，青春期是个体从儿童向成年人过渡的一个时期，这个阶段不仅有生理上的变化，心理特征也会有所改变。在儿童时期，孩子依赖成人，因此父母习惯于约束教育孩子的生活和行为等方方面面，但是随着孩子年龄的增长、生活圈子的变大以及生活内容的逐渐复杂，孩子们会渐渐脱离父母的彻底掌控，逐渐产生自我意识。另一方面，孩子此时的人生观点、情绪特点也渐渐显露并逐渐成熟，更加接近成人，此时如果家长还对孩子像以前那样过于约束的话，就会引起孩子的反叛心理。

但这并不代表家长什么都顺着孩子来就可以，因为在这个重要的过渡阶段，孩子非常容易受到各方面的影响，如果没有正向的引导，那么孩子就极有可能"跑偏"。

高兴小时候一直是他妈妈的骄傲，因为虽然他是个男孩，但他从来不像其他的男孩子那样到处乱跑惹事，一直都是比较让父母放心的。只是随着青春期的到来，他就像是变了一个人一样，经常显得焦躁不安，而且脾气也变得火爆起来，时常对事情表现得不耐烦，甚至有破坏欲和暴力倾向。

有一次高兴上学起床晚了，穿衣服的时候就很烦躁，刷牙之后放杯子的动作也明显很粗暴，出门之后眼看着公交从自己面前过去，没有赶上这一趟的高兴狠狠地踹了公交站牌一脚。高兴妈在当天就接到了老师打来的电话，说高兴和同学动手了……

关于青春期的生理和心理变化，专家做过很多研究。比如心理学家斯朗就将青春期称作"人生的第二次诞生"。可见这个阶段，人会改变很多，如果处理不好，就会引发第二次危机。很多妈妈不知道该怎样应对孩子的青春期，时常显得焦虑，这就会让这个阶段情绪本来就比较敏感的孩子更加焦虑。如果妈妈想要通过家长权威压制孩子，那么这种控制欲会影响到本身情绪就不稳定、有些叛逆的孩子。

不管怎样，做妈妈的首先不要慌，要淡定一点，这样有利于稳定孩子的情绪，之后再探讨孩子此时的心理状态是否有问题、哪些是不需要干预的、哪些是需要干预的。可以根据以下方面来做判断：

首先，妈妈们需要知道，这个阶段的孩子各方面都充满了矛盾感，因为各种变化使得他们情绪波动比较大，他们可能会因为缺失安全感对周围充满不确定的敌意，这并不是针对父母的，而是正常现象。并且此时孩子的躁动也是有理由的，反而那些过于少年老成的孩子更加需要引起注意，从心理卫生的角度来看这样反而是不正常的。

其次，孩子情绪的躁动并不代表什么，但孩子的态度往往会反映出他的心理问题，如果经常多愁善感、非常忧郁、情绪特别低落、遇到问题的时候很难面对挫折，甚至出现断食、失眠、轻生等极端现象，妈妈这个时候就必须进行干预。

需要说明的是，也并不是说所有的孩子在青春期都会出现很多问题，有的孩子在青春期也是精神饱满、积极向上的，并且有一定的自律能力，能够很快地适应新环境，遇到问题也能够积极去解决，这时候妈妈们要开心，而不是担心孩子状态有问题。

妈妈能够保持平常心，孩子也就处于一个相对稳定的环境，能够舒缓自己的情绪。如果妈妈一直充满焦虑，孩子稍微有个风吹草动妈妈就不淡定了，那么孩子就会更加手足无措。

无论何时都要记住，孩子的成长是一个不断变化的过程，不要纠结于孩子的昨天，要用包容的心去引导孩子，帮他顺利度过青春期。

青春期孩子渴望脱离，却遇上妈妈的事事干预

"先吃面包，不要空腹喝牛奶。"

"都说了多少次了！回家之后先换衣服再干别的事。"

"都是朋友有什么可吵的？你先低个头，打电话道个歉事情不就过去了吗？"

"不要穿这件衣服，这件不好看，试试那件。"

……

艾宝不知道有多少次想冲着妈妈大吼"烦死了"。从她小时候开始，妈妈就喜欢打着"为她好"的旗号控制她。妈妈总是事无巨细地安排好关于她的一切事情，这让艾宝觉得自己是妈妈的一个"分身"。随着年龄的增长，艾宝越来越渴望脱离妈妈的掌控。

艾宝也尝试过反抗，但胳膊拧不过大腿，最终总是以妈妈的胜利而告终。这样的情况一直延续到高中毕业。高考之后选专业的时候，妈妈突然把决定权交给了艾宝，并对她说："现在你长大成人了，以后的事情你自己做决定吧。"在妈妈看来，她做到了收放

有度，在合适的时候放开了手，而艾宝此时却不知道该做怎样的选择，甚至有了一种被父母抛弃的感觉。

孩子从诞生的那一刻起，就是一个独立的个体。在孩子成长的过程中，父母少不了要给予关爱和呵护，但是随着孩子的不断成长，父母也要学会慢慢放手，让孩子脱离自己的掌控。如果过度关心保护孩子，一直插手孩子的事情，那么不仅孩子不会按照你预想的那样成长，你还会成为孩子健康成长过程中的阻碍。

有相关的机构对上万名小学生做过问卷调查，主要内容是关于遇到挫折和困难会如何应对。让人想不到的结果是其中超过97%的孩子都选择了向老师和家长求助，只有很小一部分的孩子会自己想办法解决。这个数据出人意料，但也反映出现在的父母对孩子过度关怀，造成了孩子的习惯性依赖、缺乏自信、缺乏主见、面对挫折时没有应对的勇气等性格特征。

孩子的成长过程是一个学习和体验的过程，每个阶段都有必须要学习和经历的事情，但如果妈妈总是打着关心的幌子代劳孩子的一切事情，那么就很有可能造成孩子生长的断层，抑制了某个阶段的成长，在后续要弥补这个断层就需要孩子付出更多的时间和精力，这也会给孩子造成很大的压力。

青春期的孩子渴望脱离父母掌控，自己去尝试一些事情，而妈妈这个时候什么都干涉，更像是为了满足自己的心理需求。这样做的结果很有可能是把自己推到了孩子的对立面上。

成长是一个循序渐进的过程，其中很多事情都会成为人生阅历的一部分。在成长的过程中，心理承受能力和独立意识都会逐渐完善，而妈妈在孩子不愿意被干涉的时候插手他的事情时容易带有负面情绪，这种情绪也会传染给孩子，使得双方都不愉快。不如给孩子一些自由，解放自己也解放孩子。

小德的妈妈就奉行体验式成长的理念，在小德很小的时候，小德妈就开始"放养"了，在保证小德安全的情况下从不干涉小德的行动，孩子摔倒后也不会大惊失色地扶孩子起来，而是笑着让小德自己站起来，而这时候小德也不会大哭。有一次小德家的亲戚来家里吃饭，择菜的时候小德拿起一个辣椒要往嘴里放，坐在一边的小德姑姑站起来就要夺下辣椒。姑姑的过度反应把小德吓坏了，当即抓紧了手里的辣椒，大哭不止。小德妈把姑姑拉到一边说道："没关系，他自己吃一口下次就不会吃了。吃一口没事的，你越是不让他尝试，他越要偷着尝试。他在你面前做危险的事你可以阻止，那不在跟前呢？"

就像小德妈说的那样，小德吃了一口辣椒之后被辣坏了，吐着舌头找水喝，从那之后小德再也没有要吃辣椒了。

大部分妈妈都会像姑姑那样选择出手阻止孩子去做自认为危险的事情，实际上不让孩子接触危险不如让孩子认识到危险，这样他以后面临问题的时候就会知道避开。青春期的孩子更是如此，这个阶段的孩子反叛心理本来就强，不管妈妈怎么强调哪些事情不能去做，出于叛逆心理，孩子也一定会去尝试一下，因此，不如睁一只眼闭一只眼，不是原则问题就不要越线，孩子都有自己的判断能力，给孩子信任才能让孩子的青春期配得上他的青春年少。

如果妈妈们不知道界限在哪里，哪些可以参与，哪些不能干涉，那么可以从以下几方面去评断：

首先，在生活方面，不涉及原则性的问题不要去干涉。每个人都有自己的生活习惯，但每个人也不是十全十美的，如果孩子生活习惯上有一点小瑕疵，妈妈也别火急火燎地要求他立马改正。比如孩子做事懒散，妈妈可以适当地交给孩子一些任务，如让他帮自己打扫卫生，这种让孩子靠近自己的方式好过直接命令孩子，不会让他觉得自己的生活受到侵犯。需要注意的是，妈妈不要带有负面情绪去要求，而要用正常语气去商量，这样孩子才不会一开始就带有情绪。

其次，青春期的孩子渴望脱离，妈妈可以像放风筝那样。但不能完全撒手不管，毕竟在这个阶段有很多孩子不能自己解决的问题，妈妈要做的不是帮孩子解决，而是在孩子允许的情况下参与其中，可以适当引导孩子，或者以自己的经历告诉孩子可以尝试怎样解决，又或者给孩子一些提示，引导孩子独立思考，这样孩子才能在一个安全的范围内自由生长。

最后，很重要的一点就是要给孩子足够的空间与时间去实践和学习，因为成长过程中的各种经验是非常宝贵的，即便是失败和痛苦，也是不可错过的人生垫脚石。

想让孩子进一步，父母就要退一步，别因为孩子试图脱离自己的掌控就直接发火，心态要放平和，不要过分干涉孩子的生活，这样才能让孩子离你越来越近！

孩子的网瘾心理，妈妈如何恰当疗愈

随着时代的发展，电脑越来越普及，几乎成为家家户户的必备物品。疫情期间，电脑更是成为孩子不可或缺的学习工具。在这种对电脑频繁使用的情况下，孩子很容易染上网瘾。这是很多妈妈感到头疼的问题，而且是无法避免的。妈妈们之所以担心，是因为未成年孩子的世界观、价值观都没有完全形成，他们到了青春期之后随着自我意识的逐渐觉醒，喜欢猎奇事物，如果没有好好管教，那么孩子很可能误入歧途。

不过我们不能把一切原因都归咎于外界以及孩子本身。从孩子的角度来说，成长中的他们本来就会本能地学习周围的一切，不能像成人那样明事理，知道什么是对什么是错；从大环境的角度来说，这个信息爆炸的时代本身就有很多不良信息的存在，孩子根本无法做到完全不受影响。

妈妈要从源头思考问题，为什么网络对孩子有那么大的吸引力？孩子为什么就那么沉迷其中不可自拔呢？先反思一下自己，是不是每天都抱着手机看直播、追综艺、刷电视剧？自己有没有经常和自己的孩子交流？先思考一下自己为什么会沉迷于手机，可能就会理解孩子为什么会那么沉迷于网络了。

有些妈妈，由于缺乏兴趣爱好，空闲时间就通过玩手机打发时间，慢慢地沉迷其中。成人尚且难以自控，更何况本身就没有什么自控力的孩子？

不得不承认，孩子沉迷网络肯定有一部分是家长的原因。一个成人的世界是很广阔的，涵盖事业、家庭、社交圈子等生活的方方面面，而孩子基本就是两点一线，如果家长有时忽视了对孩子的陪伴，那么孩子可能就要自己去寻找能够满足自己心理需求的东西了，比如上网。

琳琳刚刚升入初中不久就有了网瘾问题。因为学习成绩还不错，所以妈妈奉行"散养政策"，并不过多干涉她安排自己的课余时间。琳琳的妈妈每天工作很忙，回家以后还总是通过电话、微信沟通工作，琳琳爸爸也总是很忙，这让琳琳感到无聊，后来无意中从同学那里知道了一款网络游戏，她抱着放松的心态去试了试，没想到却很快成瘾了。

妈妈发现之后发了很大的火，不明白一个女孩子怎么就突然沉迷于打打杀杀的游戏，但是面对妈妈的滔天怒火，琳琳反而好像有更多的委屈，一气之下不和妈妈说话了。琳琳妈妈冷静下来之后，向从事儿童心理教育的朋友咨询办法。经过了解，她的朋友建议她把工作不要安排得太满，假期带着女儿出去走一走。

于是琳琳妈抱着试试看的态度，减少了自己的工作时长，和琳琳聊天，问学校的新鲜事，周末定抽出一天的时间带琳琳出去玩，比如去博物馆或者郊外旅游，一开始琳琳并不愿意出门，但是在妈妈好言好语的劝说下，琳琳还是答应了，让妈妈没有想到的是琳琳在外面玩得特别开心，期间根本没有玩手机游戏。后来的几次外出，琳琳对考古感兴趣了，回家开始上网查很多历史知识，还让妈妈给买相关的书，也不再沉迷于游戏了。

其实很多时候问题并不只出在孩子身上，当妈妈对孩子缺少足够的陪伴、孩子的生活缺乏乐趣的时候，孩子就会因为精神世界空虚寻找依赖。此时如果碰巧网络中一些东西介入了孩子的生活，孩子就容易陷入其中，再加上其本身自我控制能力不健全，一旦得不到及时纠正，久而久之，自然就会成瘾。

如果妈妈能够经常给孩子以情感上的陪伴，帮孩子寻找属于他的兴趣爱好，丰富孩子的现实生活，他就不会沉迷于网络的虚拟世界了。

不过就像之前说的那样，网络现在已经普及到了生活的方方面面，人们无法离开网络生活，因此如何正确使用网络成为妈妈们的新困扰。不妨从以下几点入手：

没有规矩不成方圆，首先，制订一个符合孩子情况的网络使用准则。妈妈要清楚一点，青春期的孩子情绪波动是比较大的，所以一定要用商量的语气和孩子一起制订规则，比如网络主要是用于学习的，偶尔娱乐放松是可以的，但要有时间的限制，这样有利于建立孩子的时间观念，同时可以避免因接触网络时间过长而成瘾，对孩子健康造成不良影响。

通常来说，平时使用网络的时间不要超过一小时，节假日也要保持在两小时之内才好。现如今网络犯罪比较猖獗，要告诉孩子不要透露自己的相关信息，如果遇到陌生人的骚扰可以第一时间向妈妈寻求帮助。重要的是要把违反规则需要付出的代价提前商量好，比如违反了规则要禁用网络多久。

用商量的语气可以增加孩子的信任度，不要用高高在上的姿态，尤其是面对已经有了网瘾的孩子，千万不要带有情绪，或是使用批评式的强制性语气。

其次，妈妈要做好榜样，如果家长没能起到一个良好的带头作用，那么教育或者制订规则都是没有说服力和约束力的。因此妈妈要先下定决心，审视自己是否有网瘾问题，进而加以改正，这样才能更好地帮助孩子戒除网瘾。

最后一点比较重要，既然孩子离不开网络，对网络也比较有兴趣，那么妈妈就可以利用这一点发挥网络的正常作用，通过网络足迹来了解孩子的一些情况，但要注意界限，不要窥探孩子的隐私。比如妈妈可以成为孩子游戏中的"队友"，或者是可以倾诉心事的陌生网友，这样在了解孩子的同时也能第一时间洞察问题，及时调整自己的教育方法，以免让青春期的孩子远离自己。

无论如何，妈妈都要保持积极肯定的态度，不要发现孩子有网瘾问题就情绪失控，用看待罪人的眼光去看待孩子。要知道孩子在成长过程中出现任何问题都是正常的，都是可以改变的。家长可以不断给自己充电，孩子喜欢什么你可以去学习什么，以此更加深入地了解自己的孩子，帮助他寻找未来更多的可能性。

早恋面前，你堵得越严，ta 越想试试看

爱情是一件很美好的事情，但是当爱情和自己那未成年的孩子联系在一起，这问题就足以让妈妈们崩溃了。在很多妈妈的眼中"早恋"是十恶不赦的事情，危害巨大。为了避免孩子过早恋爱可能带来的种种问题，有的妈妈不惜监视自己的孩子，甚至希望孩子不与异性来往，好像只有这样才能做到万无一失。

但是回忆起自己的青春，哪个人没有过那么一段情窦初开的青葱岁月呢？青春期不仅是孩子心理变化的一个时期，更是身体发育的一个时期，因为性器官的发育完成，孩子会对异性感兴趣，这是很自然的，反倒那些对异性一点兴趣都没有的孩子，妈妈才需要担心呢！

虽说此时的孩子可能是通过一些渠道对爱情有了懵懵懂懂的了解，但并不是特别成熟，因此父母不要向孩子灌输异性交往是十恶不赦的、是羞耻的之类的观念。通过这样的方式杜绝"早恋"，结果要么就是孩子因为叛逆早尝禁果，对父母失去信任，要么就是对

异性交往充满了耻辱感或者是恐惧感。

所谓的"早恋"，说到底不过就是青春期的一段感情旅程，仅此而已。

瑞瑞步入青春期以后，像所有青春洋溢的小女孩一样，看见长得帅的小哥哥心里就会小鹿乱撞。因为瑞瑞向来听话自律，所以妈妈并没有特别干涉过孩子的校园生活。可是有一段时间妈妈发现瑞瑞开始给自己的抽屉上锁，这不禁让妈妈心里警铃大作，这太反常了！以前女儿可是有什么事都向自己倾诉的，现在怎么还有了秘密呢？

于是，在瑞瑞不在家的时候，妈妈撬开了女儿的抽屉，在抽屉里发现了一本日记，里面记录了瑞瑞和一个大自己一届的男生的恋爱心事。这让瑞瑞妈瞬间气炸了，当即给女儿打电话要求她马上回家。瑞瑞回来后看到日记本放在客厅茶几上，一时间又是愤怒又是害怕，她直觉自己可能做错了，但又生气妈妈私自窥探自己的隐私。

瑞瑞妈没有在意这些，生气地说道："小小年纪不学好！还学会早恋了！你告诉我那个男孩是谁！我要让你们老师找他的家长！"

瑞瑞又怕又怒，辩驳道："我们好多同学都有男朋友了！为什么我不可以！我又没有影响学习，怎么就丢人了……"气头上的妈妈并没有听完女儿的辩驳，愤怒之下的她一巴掌扇在了瑞瑞的脸上，也重重地打进了瑞瑞的心里。瑞瑞在羞怒之下跑出了家门。

瑞瑞妈妈的教育方式显然是不可取的，不仅仅是窥探女儿隐私这点不对，也不该在发现女儿早恋之后就心态崩盘、如临大敌，继而出现不可控的暴力行为。有些人站在妈妈的角度，觉得能够理解瑞瑞妈的做法，他们认为早恋会影响孩子的学习成绩，阻止方法即便是极端了一点也是情有可原的。

但事实真的是这样的吗？很多教育专家都说过，青春期的孩子对爱情充满憧憬是非常正常的一个现象，每个人都有追求爱情的权利，为什么要把"早恋"定义成荒谬的行为呢？

或许有的妈妈会认为既然有"早恋"这个概念，那么就是应该禁止的，因为孩子在成长的过程中身心发育还不成熟，情绪波动比较大，如果出现了"爱情问题"，就会直接影响孩子的情绪以及心理健康。成年人在爱情中受了伤尚且需要长时间的恢复，会有一段时间的低迷，更何况是孩子？

妈妈发现孩子早恋，考虑到孩子心智发育尚未成熟，确实不能支持孩子"早恋"，但也不要把这件事看得太过严重，像瑞瑞妈那样阻止的方式直接就把早恋定义成了"不学好"，还要找老师，这严重地伤害了孩子的自尊心，同时也让孩子更加叛逆，难以管教。

打骂或强硬的阻止都不能够让孩子放弃"早恋"，而且家长越是围追堵截，孩子就越是想要尝试，因为这个阶段的孩子叛逆心理是非常强的，也许孩子本来只是有一点点小心思，在妈妈的强行阻止下，反倒让孩子心里对异性的好感变成一种"非 Ta 不可"的错觉。

妈妈们不要太紧张，孩子对异性感兴趣并不一定是爱情，妈妈们千万不要拿出过度担心的态度，在动之以情、晓之以理的基础上顺其自然，孩子也许会理智地处理与异性朋友之间的关系。当然，在孩子对异性朋友有朦胧的好感的时候，妈妈也不能绝对放任孩子，需要适当地引导，让孩子知道什么该做，什么不能做，这样才能帮助孩子建立良好的青春期交友观，让孩子在初恋中体会到青春期的甜蜜。

只是要记得，这一切都是建立在对孩子异性交友没有偏见，能够坦然面对孩子对异性有好感的基础上，不带负面情绪，孩子才愿意听从你的建议，遵守你的规则。

首先，发现孩子可能有了恋人之后，不要生气，也不要嘲笑，可以先心平气和地和孩子谈一谈 ta 的恋人，一定要表现出不会反对的样子，这样孩子才不会把"早恋"转为"地下情"以躲开你的"监视"。只有成为孩子可以倾诉的朋友，才能第一时间掌握孩子与其所谓的恋人发展的动向是否是正常正向的，是否是需要引导的。

其次，初步取得孩子的信任之后，可以考虑和孩子的恋人见上一面，当然，也不用特别正式。面对孩子的恋人不要抱有敌视的态度或者特殊对待，就像是正常对待孩子其他的同学朋友那样就可以了，正常地聊天，平等地交流，才能给足孩子尊重，也让孩子的恋人明白你是信任 ta 的，此时 ta 的内心就会产生一种道德责任感，这样有利于架起孩子与恋人之间的一道防线，以免他们逾越，毕竟没有人愿意让相信自己的人失望。

最后，很多妈妈最担心的是孩子过早偷尝禁果，但你越是藏着掖着，孩子就会越好奇，这是他们的天性——不了解就想了解，不懂就想尝试。因此妈妈们不要避讳性知识，将性神秘化。大可开诚布公地对孩子进行性教育，对孩子进行正确的引导，这样也能给孩子的青春期异性交往多加上一层安全保障。

给妈妈的 心里话　永远不要和青春期的孩子较劲

TIP 1　不要跟孩子较劲

有些妈妈嘴上说着和孩子做朋友，但实际上一直是保持"高高在上"的姿态。她们表现"平等"的时候，往往是因为孩子和自己立场一致，或者说顺从自己。当孩子唱反调的时候，她们就会试图使用家长权威或者各种各样的手段来管制孩子，让孩子重新回归自己的阵营。

在孩子步入青春期以后，随着心理的变化以及自我意识的逐渐显现，不排除孩子什么时候会和父母想法相悖，发生冲突，再加上青春期的孩子情绪本身就不太稳定，此时就更加需要父母进行正向的引导教育。

叛逆是很正常的事情，从孩子成长的角度来看，这是他们心理成长的一个过程。在经历了这个过程之后，孩子就会逐渐脱离对妈妈的依赖，成为一个能够独立思考的个体。

身为妈妈，要记得，千万不能够跟孩子较劲，试图通过控制来维持家长的权威，要了解孩子的需求，慢慢地去引导孩子。

TIP 2 以柔克刚

面对问题时，妈妈要是带着情绪，那么孩子自然也就带着情绪。为了孩子能够健康成长，妈妈可以说服自己以平常心对待孩子这种并不可爱的转变，接受孩子的挑战，可以考虑用以下方式进行引导：

1.摒弃批评责骂，温和待之。很多妈妈习惯了命令式的口吻，在孩子小的时候用这种方法十分奏效，但随着孩子的成长，这种方式一定会过时，尤其是处于青春期的孩子本身就容易对周遭事物抱有情绪和敌意，会更加抵触这样的教育方式，所以家长要学会以柔克刚，不要非得和孩子争个高低，要注意保护孩子的自尊心。

发现孩子的行为不妥当的时候，妈妈要保持平和的态度，不要马上强硬地纠正指摘，可以通过讲故事和举例子的方式来引导孩子，让他得到启发，意识到自己的错误行为，进而改正。这样的方式不仅能够维护家长真正的权威，让孩子信服于你，也能帮助妈妈安然地和孩子一起度过青春期。

2.孩子的意见也很重要，尤其是正处于青春期的孩子，他们渐渐地开始有了表达自己想法的欲望，此时要赋予他们表达的权利，即便他们的想法可能过于幼稚，家长要引导孩子完善自己的想法，而不是忽视敷衍。

平时家长可以多让孩子参与一些事情的决策，比如家庭中决定事情时，可以参考孩子的意见，这样孩子会觉得与爸爸妈妈是一个阵营，也就不那么容易和父母作对了。

3. 培养孩子的独立意识是重中之重。每个成为妈妈的人都是所谓的"过来人"，都想在孩子遇到问题的时候第一时间以自己的经验告诉孩子最佳方法，这样好像可以让孩子避开麻烦，但是这样也剥夺了孩子经历事情的机会，即便是好心，也会激发孩子的逆反心理。

辑 三

法系妈妈 VS 佛系妈妈

——从焦虑到平和，妈妈需要跨越的心理关卡

▼

▽

Chapter 06 降低控制欲：停止吧，你在孩子头顶的盘旋

扪心自问，你是不是"直升机妈妈"？

作为一个妈妈，你是不是"直升机妈妈"？如果你不太确定，那么可以试想一下：

你是不是不太相信自己的孩子，总是替孩子做各种各样的决定？

你是不是总试图控制孩子，想让孩子顺应自己的意思行动？

你是不是喜欢安排孩子的一切，希望所有的事情都能够妥当不出问题？

如果你是这样的妈妈，那么"直升机妈妈"这个概念你就该了解一下了。

所谓的"直升机妈妈"，指的是那种对孩子保护过度、事无巨细的妈妈，说得形象一点，就像是盘旋在孩子头顶上的直升机，时时刻刻都监督着孩子，以便第一时间插手孩子的事情，避免孩子出现什么闪失。

从看见自己孩子的那一刻起，就已经发誓要一辈子保护他了，很多妈妈都会有这样的想法，但有时候这不一定是好事情。因为毫不吝啬的关爱和付出，也剥夺了孩子成长的机会。

妈妈们的这种"无私"的付出可能到最后只能感动自己，并不能够感动孩子。很多"直升机妈妈"到最后基本都会变成专制。比如，孩子刚刚学会走路的时候，摔倒是很正常的事情，正确的做法是不要比孩子先"爆发"，平静一些安慰孩子没关系，鼓励他自己站起来；而"直升机妈妈"的做法则是过度安慰，紧张，责怪绊倒孩子的平地。

一般来讲，"直升机妈妈"有三种，一种是乐于安排孩子的生活，除了学习之外什么都不用孩子插手，孩子每天吃什么、穿什么、几点出门都给规划好；一种则是紧跟孩子的学习，安排孩子的各项学习任务、各种兴趣班和补习班，完全无视孩子的喜好，只根据自己的判断来；还有一种是插手孩子的社交，干预孩子交往什么样的朋友，在孩子与朋友闹矛盾的时候直接自己出面。

这些看起来都是为了孩子，实际上这种可怕的照顾会让孩子感受到巨大的压力，剥夺了孩子的成长空间。妈妈什么事情都大包大揽，结果要么就是孩子缺乏自主能力，过度依赖；要么就是产生严重的反叛心理。每个人都需要有自己的空间，孩子也是一样，任何一个妈妈在孩子成长的过程中都应该适当地给予他空间，而不是把孩子当成自己的"洋娃娃"。

而妈妈本身有自己的工作和生活，还要包揽孩子的一切，她身上的重担可想而知，任何人在面临高压的情况下都容易心理失衡，产生焦虑，而这种情绪会直接传递给孩子。结果就是孩子出现不明原因的焦虑，而妈妈也心力交瘁。

丝丝妈从小就奉行精英教育，在她生下丝丝之后就决定要把自己的女儿培养成一个琴棋书画样样精通的淑女。因此丝丝很小的时候就开始辗转于各个特长班。丝丝妈不是全职主妇，上班也很忙，但是每次看到其他孩子什么都不懂就知道玩的时候，她就觉得她的忙碌是有意义的。

但是这种育儿骄傲随着丝丝进入学校就渐渐消失了。因为丝丝从三年级开始成绩下滑，为什么明明给丝丝报了那么多的补习班，她的成绩却下滑了？这让妈妈大惑不解。她能够理解孩子辛苦，但自己又怎么不辛苦呢？孩子下课就让孩子打车去培训班，自己下班之后直接到培训班去守着陪同，等孩子下课。回家也不用丝丝做什么，而她还要给丝丝做营养餐，但丝丝做作业却磨洋工，每次都到时间很晚才完成。

妈妈觉得丝丝太软弱了，全家都围着她转，谁不累？她怎么就这么不争气呢？于是妈妈爆发了，没想到丝丝更加委屈，说妈妈根本不爱她，她就是妈妈炫耀的一个工具，再也不想做妈妈的女儿了。

可以想象到丝丝妈有多伤心，自己付出了一切为孩子的未来铺路，最后却不被自己的孩子理解。其实很多妈妈大可不必付出一切只围着孩子转。丝丝的磨洋工其实只是一种反抗，她知道即使自己高效地完成了学习任务，也没有休息的时间，那么还不如偷懒。

妈妈有自己的消遣，压力大的时候偶尔能逛街或者追剧，缓解一下压力，但孩子的生活圈就那么大，他的世界还太小，如果家长时刻跟在身边，那么孩子是很难有自由可言的。一味给孩子施加压力，只能揠苗助长。

想要孩子健康成长，妈妈就要给孩子成长的空间，不要像架直升机时时刻刻盘旋在孩子周围，掌握孩子的一举一动，安排孩子的一切，这样你也辛苦，孩子也辛苦。不如从观念上转变一下，先放开一些细枝末节让孩子自己去做，你可以在旁边引导，但不要越俎代庖，这样才能慢慢锻炼孩子的处事能力，你这架直升机也才能平稳落地。

　　孩子长大的过程中心理以及行为都会发生改变，父母早晚是要学会放手的，相信自己的孩子，不要觉得放手是背叛，而是给双方空间，让孩子不断实践和体验，这样他才能尽早成为一个独立自主又自律的好孩子，你当直升机，孩子也不一定能飞起来，你先落地，孩子才能脚踏实地安心向前。

妈妈的控制欲会给孩子造成多大的压力？

前几年有一部有意思的动画电影叫《寻梦环游记》，电影是关于家庭的，很温馨，但是电影的开头部分却矛盾重重，热爱音乐的小男孩米格只能背着曾祖母玩吉他，因为曾祖母的父亲为了追寻音乐梦而抛弃了妻儿，所以米格的曾祖母认定热爱音乐的人会疯狂，音乐的存在会毁掉家庭。

米格多次尝试说服曾祖母自己不会那样做，只想要做音乐，但曾祖母觉得米格已经失控了，愤怒之下毁掉了米格心爱的吉他。米格在伤心愤怒的情况下离家出走，在亡灵节的时候因为意外进入了亡灵世界。此时的他想要不消失回到真实世界的唯一途径是得到长辈的祝福，但曾祖母的祝福是希望米格以后再也不接触任何与音乐有关的东西，她觉得这才是为米格好。

这样的事情很普遍，中国有句老话"爱之深，责之切"，很多家长都认为孩子的决定不成熟，自己的想法才是对的，只有按照自己的想法前进，孩子才能"避雷"。

"宝宝，你还记得隔壁小明成绩是怎么下降的吗？对了，就因为他玩电脑不能自拔，上了瘾。你现在没有足够的自控力，会上瘾的，听话，妈妈是为你好。"

"宝宝呀，你看明星的仪态多好啊！含胸驼背不好看，学舞蹈不是为了让你以后跳舞，妈妈是为了让你有个好的仪态，你不要总是抵触，你试试，慢慢就会喜欢了，相信妈妈说的没错。"

"宝宝啊，你作业是做完了，但是你现在如果再复习一下，那么到时候考试哭的就是现在玩的孩子，你那个时候就可以好好玩了，妈妈什么时候骗过你？"

"宝宝，面包不健康，高糖高热量，以后你会发胖的，妈妈什么时候说错过？妈妈看事情还是很准的！"

……

很多妈妈都对这种"苦口婆心"的话不陌生，可能都跟孩子讲过这样的道理。但不管你讲得多有道理，付诸实施之后其实都是对孩子的一种控制。宝宝的妈妈就是如此，她觉得自己的教育方法没错，她是为了宝宝好，因为宝宝还小，理应帮她做好规划。

但是宝宝并不能够感受到妈妈对她好，她觉得自己做什么都不对，什么都是妈妈说得有道理。她可不想再听妈妈的话了。要不是认识了新朋友，她还不知道生活中有那么多有趣的事情。原来自己身边的朋友都在看《流浪地球》，也喜欢《小猪佩奇》，但自己却从来没有看过这些东西，结果在朋友们聊天的时候，她一句也插不上嘴。朋友好心给她"安利"，妈妈还嫌她和朋友玩的时间太久了，耽误她学习。就算给她出去玩的时间，也只有短短的一个小时，超过一分钟就会被妈妈的"夺命连环 call"叫回家去，回去当然也免不了妈妈自以为讲道理实则强硬的批评。

宝宝越来越觉得妈妈可怕，就像是一座山一样压在自己的身上。以前不让玩电脑、不看她的喜好强行报舞蹈班也就罢了，现在连她和朋友的日常交往也要干涉，这让她越来越觉得压力很大。

宝宝妈也觉得很委屈，自己明明心平气和地和孩子讲道理，为什么孩子不能理解自己，总是曲解自己的好意？她想要和朋友玩，自己也没有不让她玩，但总要有时间限制吧？

宝宝妈妈的想法好像很有道理，但是仔细想想又不对。很多妈妈都跟宝宝妈妈一样，觉得没有强硬地要求过孩子，都是跟孩子好好地讲道理。但事实真的是这样吗？从本质上来说，这些妈妈所谓的讲道理实际上并没有给孩子选择权，而是把自己已定的观点强加给孩子。

所谓的为了孩子好，背后隐藏的是妈妈本身的控制欲，控制欲是人际关系的一种，它并不能给孩子带来正面情绪。

控制欲强的妈妈往往很容易变成"直升机妈妈"，总是盘旋在孩子身边，即便她没有像"直升机妈妈"那样一直环绕着孩子，也习惯性地干涉孩子的一切，管理孩子的一切，也很容易让孩子觉得妈妈时刻在监视他，这种无形的压力会让孩子感到很窒息。

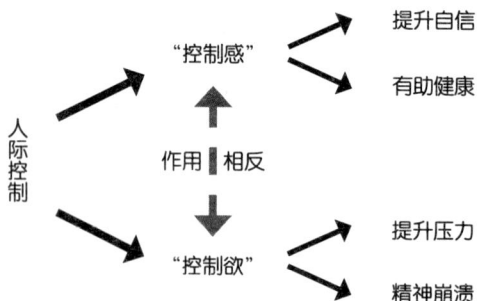

```
                              ┌──→ 提升自信
                    "控制感"──┤
              ┌──↗           └──→ 有助健康
              │               ↑
  人际控制      作用 ▮ 相反
              │               ↓
              └──↘           ┌──→ 提升压力
                    "控制欲"──┤
                              └──→ 精神崩溃
```

明白了吧？妈妈的控制欲就像是一个巨大的阴影一直笼罩在孩子身上，让孩子在做事情之前优先考虑妈妈的想法，这样不仅会让孩子疲惫，还会让孩子失去自我。就像宝宝妈妈，担心孩子上网成瘾而不让孩子上网，不让孩子接触自己眼里所谓的"杂七杂八"，结果就是让孩子和同龄人脱节，和时代脱节，在人际交往中连最起码的话题都没有；给孩子报所谓"为她好"的课外班，却无视孩子的兴趣爱好，即便孩子一直学下去，也是逼迫自己学下去，而不是快乐地学下去；甚至不给孩子玩乐的时间，忘了孩子也需要放松、休息和社交……

别把"为你好"当成控制孩子的咒语，妈妈的控制欲会让孩子越来越恐惧，越来越不自信，越来越害怕父母。

每个孩子都是独一无二的个体，他们并不是父母的从属和附庸，每个孩子都有自己的性格，有自己的想法，也有自己的规划，他们终有一天是要为自己的决定负责的，而妈妈无法替代孩子活着，因此也就没有权利替他们做选择。

妈妈们如果你真心为孩子好，那就控制住自己的控制欲，帮孩子降压，引导孩子去探索成长道路上的各种可能，而你要做的，只是做好孩子坚强的后盾！

你想要什么样的孩子，他就必须成为什么样吗？

你不是我的希望，不是的

你是你自己的希望

我那些没能实现的梦想还是我的

与你无关，就让它们与你无关吧

你何妨做一个全新的梦

那梦里，不必有我

我是一件正在老去的事物

却仍不准备献给你我的一生

这是我的固执

然而我爱你，我的孩子

我爱你，仅此而已

以上节选自诗人海桑的《给我的孩子》。读完以后不知你是否深有感触？其实这是很多妈妈理想化的样子，但她们潜意识里又总会把自己的想法强加到孩子的人生当中，想要参与孩子一生中所有的阶段。

人生在世，谁没有一个无法实现的理想呢？有些人可能去拼搏奋斗了，有些人可能都没有拼搏奋斗的机会，种种原因导致了自己理想的破灭。于是乎，在有了孩子之后，就想要弥补自己的遗憾，把自己的理想转嫁到孩子的身上。

这看上去可能没有什么问题，有些家长还通过这样的方法把孩子培养成材了，但这种概率是很小的，只能说这样的事例中孩子和父母有着相同的兴趣爱好。不过这只是一种偶然，并不能代表所有的孩子都可以带着父母的理想前行。有的妈妈甚至有些理直气壮，似乎自己给了孩子生命，就有权决定孩子的一切。如果你是有着这样想法的妈妈，那么最好赶紧改变自己的观念，否则会毁掉孩子的一生，也毁掉自己和孩子之间的感情。

作为独立的个体，每个孩子都有自己的独立意识和思想，他们愿意去做自己想要做的事情，也渴望为了自己的理想去奋斗，如果妈妈强插一脚，把自己未实现的理想强加给孩子，那么即便孩子在父母的强压之下实现了理想，最终开心的也是父母，而不是孩子本身，他们感受不到成功的喜悦，只是完成了一项不得不完成的任务。

孩子之所以感受不到快乐，是因为家长忽略了孩子成长的需求，而且这从小让孩子追求的理想很可能就决定了孩子的一生，也就是说孩子一生都为了父母在奔波，到了这个时候，你还能大言不惭地说你是为孩子好、为孩子牺牲吗？恐怕孩子牺牲得更多吧！

　　你可能不知道，未来孩子会成为什么样的人，有八成是家庭教育决定的。想要孩子扬名立万、光宗耀祖，自己先要努力拼搏，父母应该是孩子最坚强的后盾，而不应该承认自己的无能，却要求孩子必须优秀非凡。

　　诺贝尔医学奖获奖者多伊西 1943 年站在了人生的巅峰，而此前的他差点与诺贝尔奖失之交臂。

　　他出生那一年正逢美国经济大萧条，当时大批美国人失业，生活窘迫，幸好从事工程技术行业的人不在这个行列，于是多伊西父亲就决定把儿子往工程师方向培养，这样即便世道再不济，儿子也能有一份体面而稳定的工作，至少不用为生活发愁。

当然，工程师并不是那么容易就能做的，因此他的父亲从多伊西上中学就开始严格要求他，除了课堂中的功课之外，还会给多伊西增加很多习题。实际上多伊西对于数学并没有那么感兴趣，他更加喜欢生物化学，这两门成绩格外优秀，因为整体成绩都不错，所以父亲并没有责怪他偏科的问题。

很快，多伊西该考大学了，在填报志愿的时候，多伊西是希望报考自己喜欢的专业的，但是多伊西的父亲坚持要他选择伊诺斯大学工程学院。多伊西知道父亲是为自己的未来着想，也明白父亲的苦心，最终选择听从父亲的要求。

但是一个学期下来，结果让人大跌眼镜。多伊西一直是一个学习很刻苦的孩子，本身也很聪明，没想到成绩却是班级倒数，这样不尽人意的结果让他的父亲和老师都感到很费解。于是老师找到多伊西谈心，多伊西坦白自己并不喜欢所在的专业，他是因为父亲才进入工程学院的，他虽然按照要求攻读了课程，但是其余的所有时间他看的书都和自己的专业无关。

知道这样的结果后，多伊西的老师找到了校领导，认为多伊西是个人才，不该在不擅长的领域被埋没，建议将他转到应用科学院读他感兴趣的生物化学专业。多伊西的父亲并不满意这个结果，但考虑到多伊西的学习成绩也只能答应。果然，到了自己感兴趣的领域多伊西如鱼得水，不但顺利拿下学位，并在 1943 年获得了诺贝尔生理学及医学奖。

有的父母可能并没有要求孩子继承自己的理想，而是站在大环境的视角，希望自己的孩子能够在一条相对轻松的康庄大道上获得成功，多伊西的父亲就是这样的。只是孩子不喜欢的即便他再努力，结果可能也不尽如人意。而他自己所选的路哪怕布满荆棘，只要是向着自己的理想奋进，他就可以不畏艰辛，到达成功的彼岸。

如果你爱自己的孩子，那么不管你的孩子未来成为什么样的人你都要去爱，而不是只希望他成为你想的样子。只要孩子的选择不是有悖伦理道德和法律法规的，那么作为妈妈你的支持就是对他最大的帮助。

孩子不必成为你理想的样子，即便世间所有的爱都以团聚为目的，父母对孩子的爱也要以分离为目的。当孩子离开自己的时候，他已然成为一个独立有个性的人，这才应该是你所期待的最理想的样子。有些音乐家父母可能就是不懂音乐的普通人，但是他们懂得孩子，能够成为孩子坚强的后盾。

孩子不是父母的橡皮泥，可以随意捏任意摆布。不强行给孩子设置成长的道路，孩子自由你也能轻松。作为父母，偶尔教育孩子自私一点，不要让自己成为他们的心理负担，孩子的梦想才能带着翅膀。适当采取佛系教育，不焦虑没有到来的你所担心的可能性，孩子才能够勇往直前，踏上他选择的最心仪的旅途。

如果你不能护孩子一生，就别把他教得太单纯

"单纯"，从另一个角度而言，也是幼稚、偏执、固执、任性、傻气的代名词。

不要随便和陌生人说话，不要吃别人给的东西，不要乱交朋友，不要到处乱跑，不要玩电脑，不要……"不要"几乎已经成了这个时代大多数父母爱的宣言。这个社会太复杂，他们总想让自己的孩子单纯一点，于是就大大地撑开自己的保护伞，把孩子罩起来，希望他们待在家里乖乖地不要乱跑，希望他们一切都听从自己的安排。

父母对孩子的控制欲过强，就会降低孩子与社会的联结关系。1995 年美国心理学家罗伊·鲍梅斯特等人的研究发现，低社会联结者更容易出现低自尊、嫉妒、孤独和抑郁等心理问题。

当下很多父母越来越喜欢参与孩子的人生，甚至指挥孩子的人生，这样除了容易让孩子产生依赖性之外，还容易让孩子丧失适应这个社会的能力。而且父母的"控制欲"会让孩子变得孤独、焦

虑、抑郁。

```
                    ┌────────┐
                    │ 孤独感 │ ◀──────────┐
                    └────────┘            │
              ┌─────────┐                 │
              │ 父母心里控制 │           ┌────────┐
              └─────────┘               │ 意念控制 │
                    │                   └────────┘
                    │
                    ▼
                ┌──────┐
                │ 抑郁 │
                └──────┘
```

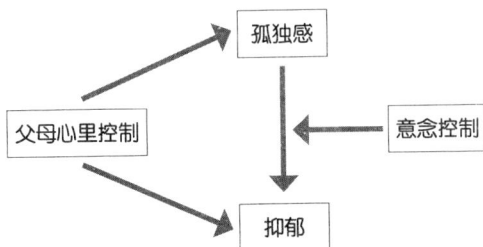

　　现代社会的居住环境增添了孩子的孤独感，减少了他们接触他人的机会，加上父母一再以"单纯"作为衡量孩子品德的天平，这导致孩子的社交意识和能力越来越弱。

　　一位 985 大学的研究生毕业后被老师推荐到一个很好的单位上班，可是上班之后，他却四处碰壁。这时候，他发现自己不但不懂得怎么与周围的人建立友好的关系，连职责之内的工作也难以胜任。与同事，他几乎说不上一句话，因为他不知道怎么与人搭话；公司联欢会上，只有他自己傻傻坐在一角，因为他什么才艺也不会；对上司，他不懂得察言观色，经常惹来责备。

　　除了读书，他发现自己似乎什么都不会，压抑的人生一度让他怀疑自己得了精神疾病。

　　在他小时候，父母十分宠爱他这个晚来子，几乎替他包办了所有的事情，只希望他能够专心读书，奉行"书中自有黄金屋，书中自有颜如玉"的理论，做一个单纯的、听话的、爱学习的小孩。学校里任何的课外活动，几乎都不让他参加，理由是怕他跟其他不良小孩混在一起会学坏。而且一旦他做错什么事情，父母都会对他说"你不应该这样，你应该……""你这样做不对，看我的"，等等。

渐渐地，他习惯了按照父母的安排一步一步地向前走，每天都是上学放学写作业，从来不跟同学一起出去玩，也没有什么朋友。父母认为对的，他就去做；父母否定的，他就远离。就这样，他成了父母赞许目光中的单纯懂事的小孩。

但是如今，当他独自走上自己的人生舞台的时候，他才发现，以往能够挡风遮雨的父母此时什么也不能给自己。性格中的孤僻、胆小、退缩，让他在竞争日益激烈的社会中难以生存。

林黛玉在《红楼梦》里是一个出了名的心思单纯的女孩。黛玉聪明貌美，也懂规矩守礼仪，而且从不会讨好任何人，对不喜欢的人或事直言表达，不给他人留有任何情面。

由于从小在单纯的家庭环境中长大，受到父母的疼爱，没经历过尔虞我诈的社会环境，林黛玉有着少女的天真、单纯和直率。然而她这种单纯与直率的天性却给贾府上下留下了敏感小性儿的印象。她处处不饶人，别人不敢说的话，她却偏偏要说。宝玉和袭人之间存有暧昧关系，在大观园中，这是大家都默认的事情，谁也没有公开拿来谈论，因为谁都害怕捅破这层窗户纸，黛玉却敢当着人面一语道破，她对袭人说："你说你是丫头，我只拿你当嫂子待。"袭人是王夫人的耳目心腹，是宝玉的得力内助，但她却一点也不顾及，语出惊人。

在一次元宵节家宴上，贾母叫宝玉给姐妹们斟酒，道："你连姐姐妹妹的一起斟上，不许乱斟，都要叫他干了。"宝玉一边听一边应了，给姐妹们一一按次斟上。但是到了黛玉面前，黛玉却偏不饮酒，只是拿起杯子，放在宝玉唇边，让宝玉一口气饮干。这种不顾场合的单纯率性的行为，在长者贾母和王夫人看来，都是十分令人不舒服的。

所以即便她又美丽又聪明，还是贾母的亲外孙女，宝玉的母亲王夫人仍然不喜欢她，在自己儿子宝玉的择婚对象上，还是偏向选择识大体的宝钗做自己的儿媳妇。

空洞的简单是不值得赞扬的，因为未经世事的单纯其实不过是幼稚。

在这个复杂的社会里，套路防不胜防。作为父母，应该教会孩子自己去面对复杂的社会，而不是把他们关在温室里呵护，因为物竞天择是这个世界永恒的生存原理。

不要含辛茹苦教出一个"妈宝男"

在当今的相亲市场最不受欢迎的恐怕就是"妈宝男"了，作为一个应该扛起家庭的男人如果只会依赖，肯定没有哪个姑娘愿意多养一个"儿子"。想必这些"妈宝男"的妈妈也没想到自己精心呵护的孩子有一天会成为不讨喜的人。而且很多"妈宝男"的妈妈从来都意识不到自己的问题，还把问题归结到周围，帮儿子找理由。

实际上，过度养育就会造成这样的问题。在孩子成长的过程当中，妈妈无条件地干涉孩子的一切，那么最终就会导致孩子有强烈的依赖心理，成人后都没有基本的生存能力，孩子和自己的生活都会受到巨大的影响。

小凯是一个年近三十的"尼特族"（即"不就业、不上学、不受训"的"三不青年"），成天无所事事，只会啃老，虽然长得一表人才，但没有一个姑娘愿意跟他谈恋爱。看小凯这个样子一般人绝对想象不到他曾经是学校里的风云人物，学习成绩优异，而且在名牌大学里也名列前茅。

小凯的妈妈从小就不让小凯干任何家务活，他只要学习就可以了，学习之外的一切问题都可以交给妈妈解决，包括学校有其他同学欺负他，也是妈妈出面解决，上大学之后妈妈也跟过去在学校附近租房子陪读。就这样，小凯习惯了依赖妈妈生活，从来没有想过独立。

大学毕业之后，小凯找工作的时候遇到了难题，就业形势严峻，但小凯意识不到，好像外界的一切都跟他没有关系，人才市场都是父母打听好了带他去，帮他投简历，各种事情都是父母操持的，从始至终他都像是一个局外人，投了简历也不着急，觉得在家等消息就可以了，除了打游戏就没有其他的想法，反正工作没有着落之前有父母养着。而小凯妈妈也没觉得有什么问题，还是该给孩子做饭就做饭，该给孩子洗衣服就洗衣服。

终于有一个企业愿意招收他为实习生，但是小凯什么经验都没有，也不会察言观色，端茶送水、打印资料的活儿他不愿意干，还没到一个月就被公司辞退了，但小凯还像个没事人似的毫不担心。之后就一直待在家啃老，得过且过，时间久了连面试都不愿意去了。家里给介绍女朋友他也不当回事，女方看他"妈宝"的样子也不愿意进一步发展关系。

就这样时间久了，他顺理成章地当起了"尼特族"，而父母早已是筋疲力尽了。

种什么样的因，就会得什么样的果，父母为了孩子尽心尽力，操持孩子的一切也只是为了让孩子心无旁骛地往前冲，说到底也是为了孩子未来能够有养活自己的能力，但就像小凯父母这样什么都不让小凯干，反倒是剥夺了他学习生活的能力，最终自然就会养育出一个"妈宝"。

其实，在这件事上是不分男女的，养育女儿让她十指不沾阳春水她也不能过公主的生活，毕竟未来的社会上不会所有人都去包容她。你不教育，社会就会替你教育；你不让他经受挫折，社会就会加倍地给他挫折！孩子的未来并不取决于他的成绩，而是与他的生活能力和人际交往、性格等有密切的关系，父母过多干涉，就会让孩子缺乏自主性和创造力，遇事逃避责任，没有主见。这是你理想中孩子该有的样子吗？爱孩子不该害孩子，父母要把心态摆正，做孩子坚强的后盾，而不是站在他面前扫除一切障碍。

说来可怕，孩子的习惯容易改变，成人的习惯不容易改变，因此在孩子成长的过程中，如果你已经有了"妈宝"老母亲的苗头，就要适时停止了，否则孩子未来就会难以承担重任，只知道依赖身边其他人。没有人愿意自己的孩子过度依赖，离开自己什么都做不了，所以自省一下吧！如果你总是杞人忧天，觉得孩子会遇到各种问题而过度保护，或是总觉得孩子应付不来身边的事，所以总是帮孩子处理各种事，又或者你觉得孩子思想不成熟会做错误决定而喜欢替他做决定，那么你就应该要注意了，这些都是过度养育的表现，要赶紧端正自己的态度。

没有哪个孩子可以一夜间成人，都需要一个循序渐进的过程，妈妈不能想着帮他帮到自己不能帮的那一天，到时候就晚了。学会放手，不要焦虑孩子的未来，儿孙自有儿孙福，跟着他走而不是领着他走，你的孩子才能渐渐成为可以独当一面的人，才能成为一个快乐而自信的人。

实际上孩子的接受能力远超你的想象，在他不知愁滋味的时候经受一些挫折，那么孩子可能就开开心心地找到了应对的方法，如果你先挡住了，告诉他这种未知的困难很可怕，那么未来他也不可能具备应对问题的能力，真到了你没有能力帮他的时候你还能做些什么呢？

更加糟糕的是，这样养育出来的孩子往往最后不仅不懂事，还会把问题归结到父母身上，你含辛茹苦最后却收获了孩子的恨，何苦来呢？根据美国一个大学的统计数据，过度养育环境下长大的孩子基本都对家庭生活不满意，成立了自己的家庭也是一样，总是悲观，而且容易患抑郁症。因为他们没有主见，也没有应对问题的能力，所以当生活和工作的压力袭来时，他们除了茫然不知所措外没有任何办法。

只有在还来得及的时候及时脱身，从"保姆"的身份中及时脱离出来，才能把孩子的成长还给他，即便孩子可能受伤，但也能从这个过程中获得经验，这样未来才能独立面对这个快节奏的时代。

如果你真的爱自己的孩子，那么让他学会独立就是你必须迈出的第一步，要淡然看待孩子跌跌撞撞的成长。

像泰戈尔说的那样，让你的爱，像阳光一样包围着孩子，却也给他光辉灿烂的自由。

给妈妈的
心里话

将孩子的自主性马上还给他

TIP 1 把自主性还给孩子

有人说，幸福的童年影响孩子的一生，而经历了不幸童年的人会用一生去治愈自己的童年。如果让你给自己的童年加上一个标签，你会用什么词汇呢？每个人的童年都会有幸福和不幸，都会有快乐或痛苦，如果你的标签中有一个是自由，那么你一定拥有一个快乐的童年。

父母总是以爱之名约束孩子的自由，觉得现在的孩子不能太自由，否则无法面对未来激烈的竞争。但事实上过度的压迫才是孩子无法面对未来的原罪。因此，只有把孩子的自由还给他，孩子才能顺应天性地发展。

TIP 2 每个孩子都是独一无二的

就像歌手张国荣唱的那样："我就是我，是颜色不一样的烟火。"每个人都有自己的兴趣爱好和思维方式，即便是自己的孩子，也会有跟家长存在观念不一致的时候，每朵花都有自己的美丽和独特的味道，父母不该强求，要把本属于孩子的人生还给他，这样孩子才能对自己的未来有规划，才能有明确奋斗的目标并自主奋斗。

想要孩子出类拔萃也好，想要孩子童年幸福也好，都要先让孩子认识到自己有权对自己的人生负责，有权选择自己想要的人生。这样你的孩子才能将自己的独一无二展示得淋漓尽致。

顺应孩子的天性去发展，你的焦躁是你的，不要用爱的名义束缚孩子。带着孩子多接触各种各样的环境，让孩子的视野更开阔，这样不仅能缓解你的压力，也可以缓解孩子的压力。把孩子的自由和自主还给他，孩子才能在天空中自由翱翔。

Chapter 07　把握期望值：放一放，你心中勾画的星辰和大海

"想孩子好"和"为孩子好"的深层心理剖析

"我希望我的孩子未来可以一路坦途！"

"我这是为了孩子未来可以一路坦途！"

这两句话都对孩子的未来着想，听起来却又那么不一样。希望是一种想法，而"为了"则体现出了一种行动。对孩子有所期待无可厚非，但如果你是一个理性的家长，就该知道这种期待应该成为一个想法存在自己的脑子里，而不是成为一种行为直接插手孩子的人生。

希望孩子好是一种美好的愿景和期待，而为孩子好则更像是一种参与其中的理由和借口。或许你觉得"爱"和"控制"两个词没有关联，但实际上有多少父母是以爱为枷锁控制着孩子的人生呢？这样的父母往往觉得自己给出了爱，却不知道自己实际上给出

的却是密不透风的压力，让孩子的成长也变得畏首畏尾。

拉拉最矛盾的事情就是和妈妈上街，虽然她刚刚上小学，但她已经有了不小的烦恼。比如妈妈要带她去买零食，她是很开心的，可妈妈永远嘴里说着"想吃哪个就拿"，手上却做着完全相反的事情。

拉拉想吃巧克力饼干，有一款饼干看起来中间夹了彩色的棉花糖，妈妈就拿起另一款饼干说道："都是巧克力味道的，咱们吃这个吧，那个就是哄你们小孩的，有色素不健康，这个还是进口的大牌子，吃这个对你好。"

拉拉闷闷不乐地拿着妈妈挑选的饼干继续往前走，越到后来拉拉越烦躁，说是自己随便拿，到了最后成了妈妈随便拿了。于是干脆什么都不说了。

买衣服也是一样，妈妈挑选了两条裙子让拉拉二选一，但这两条都不是她喜欢的，她更喜欢另一款白裙子，但妈妈一直说那条裙子不耐脏，不如自己挑的两条实用有气质，拉拉实在是生气极了，于是干脆说自己不要了。妈妈看拉拉不开心了，于是妥协。可拉拉还没来得及得意，妈妈就一边抱怨女儿不懂妈妈的良苦用心一边付账去了，这让拉拉既委屈又内疚，再看那条白裙子也觉得充满了不好的回忆，甚至有些不想穿了。

拉拉妈妈看上去是让孩子表达了自己的想法，但无形之中还是在左右着孩子，父母如果连孩子生活上的小事都要干涉的话，那么在孩子的未来这一方面恐怕更是抓住不放手了。

不可否认，妈妈比孩子有更加丰富的人生经验，可能在一些妈妈眼中觉得自己在一些方面试过错了，那么就可以帮助孩子避开这些失败和挫折，不过妈妈却忽略了一个前提，就是孩子想要走的和自己曾经走过的并不是同一条路。成人应该明白，经验是人生最为宝贵的财富，既然如此，又怎么能够剥夺孩子获得这些锻炼自己的好机会呢？

想让孩子好，那么就要给他真正的民主，不要打着为他好的幌子控制孩子。如果你的孩子跟你表达自己的观点，那么即便和你期待的结果有所出入，也应该真正尊重孩子的意愿，不管你为他勾画的未来如何，都不如孩子脑海中的星辰大海更美。

不过，有些妈妈也认为要是对孩子放任自流，什么都顺应孩子自己发展，很有可能使孩子误入歧途，因此有些是必须干预的！这种想法也没错，不过尺度就很重要了，如果你不知道具体应该怎样做，可以从以下几方面入手。

首先，你要保证孩子有足够的探索空间。每个孩子接触的世界并不大，但是他们的小脑袋瓜中有丰富的想象力，这也代表了有无限种可能，他们在感兴趣和喜欢的事情上是非常愿意进行探索和各种尝试的。作为家长，你可以做的就是在一旁观察，如果孩子对一件事表现出了非常浓厚的兴趣，那么你可以先观察这件事物是否有潜在的危险，在保证孩子安全的基础上，给予孩子足够的支持。

其次，很多家长在孩子刚出生的时候可能就想好了怎么教育孩子，在孩子成长的过程中会制订一些规则，而且要求孩子必须遵守。其实在某些规则上，家长可以适当给予一定的弹性空间。比如说孩子日常上学的时候要早起，那么在周末或节日的时候，家长就可以适当根据孩子的需求允许他延后起床的时间。毕竟时代不一样了，现在的孩子平时学业繁重，适当的放松休息是非常有必要的。如果家长在某些方面偶尔有一些让步，那么你所制订的规则孩子也更容易接受并坚持。

最后，当孩子需要帮助的时候，家长也要把握好一个尺度，比如说要在不伤害孩子自尊心的前提下使用适当的语言，最基本的就是不要用命令式的语气说话，也不要否认孩子的做法毫无意义，更不要用贬低的语言和行为，否则孩子会失去自信，越来越胆小，越来越自卑。

不要让你的想象限制了孩子的未来，他的未来可以远超你的想象，前提是你不去控制以及过多地干涉，更不要时刻关注孩子，时刻告诉他他是你的希望，只有扔掉了名为"爱"实为过度压力的包袱，孩子才能真正做到轻装上阵，勇往直前！

"选秀""炒作"，为什么在妈妈圈悄然流行

前一阵子有条"儿童模特"的新闻霸屏了，新闻中一个5岁左右的小女孩因为长时间的拍摄而无法集中精神，没有摆出摄影师要求的姿势而被自己的亲生母亲一脚踢倒在地。新闻一出震惊了很多人。很多人无法理解，孩子这小小年纪不无忧无虑快乐玩耍，怎么就开始浓妆艳抹地工作，成为父母赚钱的工具了呢？

有的妈妈可能理解这种行为，在这些妈妈眼里，孩子赚钱不是为自己，是为了他们的未来，也能早早地给他们铺好路，这是为了孩子着想。确实，有些明星演员是从童星成长起来的，但有更多的童星没能顺利走到转型，之所以没有看到这些事例，是因为这部分人已经被人们所遗忘了。

张爱玲说"出名要趁早"，很多妈妈在孩子本该天真烂漫的年纪就带着孩子参加各种"选秀""炒作"，让懵懵懂懂的孩子过早地接触这个世界，企图让孩子早点"懂事"，在普通孩子刚刚懂事的时候就已经走得很远。但愿望如此美好，现实会真的如你

所愿吗？

孩子纯洁得就像是一张白纸，世界给他展现了什么色彩他就会是什么色彩。过早地把孩子带入成人的世界，就像水果"催熟"一样，并不是一件值得骄傲的事情。孩子如果在本该天真烂漫的年龄显得圆滑世故，任何一个负责任的父母都不会觉得这是值得骄傲的事情。

孩子的学习和模仿能力超出成人的想象，同时他们心智又不成熟，没有足够的认知能力去理解成人世界的喧嚣和复杂，可能他们表面上很"懂事"，但实际上他们只是模仿了成人的行为，在他们世界观、人生观正在发展的时候，如果过早地接触了片面的信息，那么他们的心理是很难发展健全的，因此很多被家长推到闪光灯下的孩子迷失了。

曾经红极一时的《小鬼当家》主演麦考利·卡尔金就是如此，在出演电影的时候全球影迷都被这个小机灵鬼俘获了，但是之后他的父母并没有让麦考利回归现实生活，而是让他趁着热度一直在娱乐圈"捞金"，最终的结果就是麦考利在成人之后事业受挫，陷入了毒品的旋涡。

他的父母肯定没有想过孩子曾经那么优秀，最终却落得如此结局。也许一开始麦考利的父母也没有想过要孩子怎样。但纸醉金迷的世界连成人都容易迷失，更何况是心智不成熟的孩子？

事实上，妈妈在这个信息爆炸的浮躁社会应该尽可能地让孩子"缓慢生长"，而不是把孩子带入歧途。有些妈妈可能觉得这种说法有些夸张，至于吗？带孩子选秀不过是为了培养孩子的性格和气质，并不代表要孩子给自己挣钱。但本意往往不一定能够和现实相符。为了避免孩子产生错误的世界观和价值观，父母要放下过高的期待以及望子成龙、望女成凤的焦躁，学习"慢养"。

不要光看那些早早成名而星途顺畅的孩子，你也可以看看那些"慢养"的孩子。很多文人都是这样的，比如洪晃，又比如冰心。这些人的共同特点是小的时候从来没有被家长逼迫学习过什么东西或者说要成为什么样的人，虽然她们都家世了得，但也从来没有因为父母的光环而过早地接触成人世界，没有经历父母的刻意栽培，一直在一个足够宽容以及自由的环境中生长，她们最后也都成材了。

小明最讨厌妈妈的一句话就是"我儿子是最帅的"，因为这句话成了禁锢他的枷锁。妈妈总想培养他唱歌跳舞，未来成为"爱豆"，曾经他也很享受自己在其他小朋友埋头学英语的时候就四处参加活动，穿好看的衣服，被许多人夸赞，但是渐渐地他发现其他小朋友的生活更有趣一些，虽然平时学习很累，但是有可以和朋友玩的机会，而自己不是在工作就是在去工作的路上。他稍微有了一点名气之后，就开始在妈妈的安排下接拍广告，现场全是忙碌的人，没有一个自己的同龄人，在某些要求他哭但哭不出来的时候妈妈就会用些"手段"让他哭，比如批评他、呵斥他。所有人都在夸小明上镜，只有小明不开心，到了学校和同学也没有太多共同语言，而妈妈却总说他已经迈出成功的第一步了，小明不明白，成功难道就意味着不开心吗？

养育孩子就像是栽培植物，每个孩子都有自己的"花期"，这个过程并不是一蹴而就，可以通过揠苗助长的方式进行的。孩子的生理和心理处于一个成长阶段，是比较不稳定的，真心期待孩子未来能够获得成功的话，就要在这个过程中协助孩子挖掘自身的价值，而不是想当然地为他们选择一条满足自己的道路。

毕竟孩子未来的成功不能仅凭名气和物质来衡量，没有妈妈不爱自己的孩子，但既然爱他，就要尊重他的成长规律。不要急功近利，耐下心来跟随孩子的脚步一起成长，陪他找到他想要得到的东西。

妈妈先慢下来，孩子才能不焦躁，别过早暴露出自己对孩子未来的"野心"，孩子才能耐得住成长的苦和寂寞；给他们一个轻松愉快的成长环境，孩子才能在学业繁重的压力下有一个放松之处。用平常心和耐心浇灌孩子，孩子未来才能开出健康而美丽的花！

被妈妈逼废的孩子心里有话想说

小雨有个紧箍咒，有时候这个紧箍咒在梦里都会箍紧他的脑袋，让他透不过气来。在小雨的印象中，他对于妈妈有记忆的第一句话是："小雨，你要努力，你是妈妈唯一的希望！"这让小雨从小就想玩的时候不敢玩，生怕对不起妈妈的殷切期待。在其他小朋友肆意玩乐的时候，小雨都在埋头学习。那时的小雨成绩确实非常优秀，成了其他妈妈眼中的"妈朋儿"，又好学又懂事，但其中的艰辛只有小雨自己知道。

小雨的家庭条件一般，妈妈为了培养小雨，投入了大量的时间、精力以及金钱，报了很多特长班。小雨虽然喜欢美术，但是当把所有的时间用在美术班上时，他渐渐有些反感了，再加上各种各样的比赛，他压力越发大了。对于妈妈来说，炫耀他的成绩只是轻飘飘的一句话，但是为了这句话，小雨付出了太多太多。

随着学业的繁重，小雨不堪重负，渐渐地，他很难保持优异成绩了，第一次考试成绩下滑妈妈发了很大的火，小雨感到又难过又委屈，遭遇挫折自己本来就很痛苦，却还要面对妈妈的怒火。慢慢地，小雨的成绩，从前几名下滑到了中游，其实成绩也还算可以，不过在妈妈眼里小雨已经"堕落"了，甚至在气头上的时候她还批评小雨："你一点苦都吃不了！原来那么好的成绩是不是骄傲了？你再这样就只能一直在中游了！"

妈妈的这种否定说多了，小雨开始觉得自己是没有天分只有努力的人，既然这么拼还追不上其他的同学，那么可能自己就只能是这样的成绩了吧。

孩子在成长阶段情绪不但波动比较大而且比较脆弱，妈妈应注意疏导。在家庭教育中，学习成绩只是一方面，更重要的一方面是对孩子性格和"三观"的培养。如果爸爸妈妈对孩子期待过高，觉得孩子是最优秀的，一开始就把孩子放在了一个很高的位置，这容易导致孩子压力大、情绪崩溃。

其实小雨的妈妈只是众多家长中的一个代表，很多妈妈都有这样错误的认识，觉得孩子的明天在于教育，只要严格要求，那么孩子就一定能够达到自己的期待，因此不惜付出大量的金钱、时间和精力，把孩子送入名校，希望孩子能够拥有大好前途。孩子光学习成绩优秀还不够，还要有各种各样的特长。在这个漫长的培养过程中，很多家长忘记了孩子本身，把所有的关注都放在了孩子的"成就"上。

孩子的成绩优秀，就表扬炫耀；孩子一次失利，就批评指责。要求孩子将有限的时间和精力放在学习上，忽略娱乐和社交……

在这种环境下成长起来的孩子可能会像小雨那样无法保持成绩，并且成人之后可能还会面临另一个问题——除了专业拔尖，自理能力以及人际交往能力为零，甚至内心脆弱、情感缺失……这样的一个孩子，能够说他的成长是健康的吗？

因此，家长要做的远比孩子要做的多，作为家长要改正错误的教育思维，让孩子知道该学习的时候学习，该休息的时候休息，娱乐也是生活的一部分。更要让孩子知道他未来的成功不是一项成绩就可以说明的，综合能力包括方方面面。

孩子不是妈妈的敌人，总是觉得自己的孩子还不够努力、你的一切都是为他好等只会把孩子推到对立面上。妈妈要成为孩子的朋友，不要成为孩子头上的阴影。学习成绩固然重要，但社交能力、抗压能力、创造力就不重要了吗？很多东西都不是书本以及特长班上能够学习到的。

让孩子多去感受生活，多去认识世界，才有可能让他未来能够达到你的期待。举例来说，有些妈妈担心孩子和朋友一起玩会耽误学习，受到不良影响，但实际上和同龄人一起玩能够培养孩子的协作能力和社交能力。孩子的学习能力是非常强的，在与他人的交往中会感受到哪些行为是会受欢迎的，哪些行为是不受欢迎的；

哪些时候需要分工合作，哪些时候需要坚持原则。

这些都是你无法通过高压管制达成的。不要因为担心孩子贪玩而剥夺了他玩耍的权利，压制孩子的天性。只有对孩子抱有合理的期待，在尊重孩子的前提下尽可能地寓教于乐，带领孩子感受学习的乐趣，引导孩子找到自己未来的目标，才能让孩子拥有健康的人格、积极的心态以及高水平的情商。

孩子学习是为了将来有更多选择

"孩子，我要求你读书用功，不是因为我要你跟别人比成绩，而是因为，我希望你将来会拥有选择的权利，选择有意义、有时间的工作，而不是被迫谋生。"

这是作家龙应台写给他的儿子安德烈的一段话。在现在这个鼓吹读书无用论的时代，这段话对我们多多少少都有些启发意义。

现在很多父母都十分感慨，认为孩子读大学是没太大用处的，付出与收获并不成正比，花费七八万块钱去读四年大学，但是毕业后才只能拿两三千的可怜工资。

然而，学习其实并不是为了高分，也不是为了高薪工作，而是为了让一个人拥有更多的选择权。

小陈和小朱是好朋友，小朱初二就辍学在家，如今已经有了一份稳定的工作，也早早地结了婚，在一个小城镇过上了朝九晚五的日子。而小陈，还在用着父母的钱上大学。周围的人都觉得，小朱的选择是对的，因为他现在过着衣食无忧的生活，十分幸福。

小陈有的时候就很怀疑，到底是不是自己错了？

后来，小陈毕业了，在一线城市有了一份不错的工作。小陈很羡慕那些浪迹天涯的背包客，觉得他们的生活方式好酷。

有一次，他和几个朋友去爬黄山放松。黄山风景格外好，人烟稀少，空气清新。在那里，他们碰到了一家客栈的老板，是一位二十多岁的小伙子，已经在这里待了好几年了，过着世外桃源般的生活。小陈觉得这个老板过着好多人想要的生活，十分宁静和自由。

他问这位老板："能过上像这样令人羡慕的隐居生活，是不是打算在这里一直干下去？"

老板却说："不是，我还想奋斗去大城市生活呢。"他还说，羡慕像小陈这样朝九晚五工作学习的人。

小陈很惊讶地说："你知不知道，有很多人羡慕你这种生活？"

他说："当然知道，因为每一位来我客栈里的人都会这么说。但是，你们并不知道，其实我也很羡慕你们。因为，你们有文化、有能力，可以选择在这里生活，同时也可以选择在那热闹的大城市生活，你羡慕我的生活，只是因为你没有这样选择。而我，是连这样的选择权都没有。"

在小陈一行人离开的时候，客栈老板羡慕地对他们说："如果有机会，我也想继续读书考大学，去大城市工作，也许我会适应不了大城市的快节奏，最终还是会回到这里来，但是，至少我这辈子能多一些选择。"

听到这些话，小陈终于感到释然了。他明白了自己与小朱相比，拥有更多的选择权。他可以像现在这样，选择在大城市工作，也可以选择像小朱那样，陪在父母身边。而这对小朱而言，是命题作文，不是选择题。

绝望先生当年以高分成绩考入一所 985 大学，但大学毕业那年，因几门成绩不及格，而未能获得学位证。在这种情况下，他想要找个工作，十分困难，每次对方问他学历的时候，他就支支吾吾，没有一点底气。

绝望先生四处碰壁，十分沮丧，他感到很后悔，后悔当初没有选择自己喜欢的文学，而是选择了大家认为不错的理工科，被迫学习并不擅长的数理化，大学生活对于他而言就是受虐。

上大学前成绩优异、富有才情的他被大家称为才子，如今竟沦落到生活朝不保夕，被社会抛弃。

绝望的他，给自己取了"绝望先生"的游戏网名，决定沉沦在虚拟世界里做幻想中的英雄。由于绝望先生整日沉迷游戏，放弃了找工作的计划，劝他无数次的女友也失望了，决定跟他说再见。无业加上失恋，绝望先生可算是绝望到了顶点。

女朋友的离去对他打击很大，他开始尝试改变自己，去复读班备考，重新考取大学。这次考上大学后，他选择了自己喜欢的文科。这一次，他发现自己在大学里如鱼得水，这不仅仅是因为读了自己喜欢的学科，更是因为他比其他文科生有着更缜密的逻辑思维和更加独特的看问题的角度。

而这一切，都得益于理科学习对他潜移默化的影响。

小提琴演奏家俞丽拿是一位传奇式的人物。1940 年，俞丽拿生于上海，幼年时期她就喜欢钢琴，也一直学习弹钢琴。

在艰苦地学习了很多年的钢琴后，她决定报考上海音乐学院，但是这时候音乐学院的老师却建议她学小提琴，因为她的手指比较纤细，比起钢琴，小提琴更适合她。当时，俞丽拿的内心很挣扎，她不知道自己是不是应该放弃这么多年学习的钢琴。

后来，她还是听从老师的建议，下定决心学习小提琴。但那时候，小提琴作为一种西洋乐器，并不像钢琴这么普及，中国人对它还十分陌生。每次演出，声乐系同学唱完后都会收到观众的热情掌声，而俞丽拿拉完小提琴曲目，观众似乎因为距离感而没有什么反应。这时候的俞丽拿感受到了强烈的挫败感，但是她并没有放弃，而是选择了继续踏实用功地去练习。

1958 年冬天，俞丽拿和作曲系几位同学一起编创了一曲《梁祝》，并以此作为上海音乐学院向中华人民共和国成立十周年的献礼。这首《梁祝》在上海兰心大戏院首演后，年仅 18 岁的俞丽拿凭借她娴熟的技巧和优秀的乐功，一夜之间火遍了大江南北。

妈妈应该告诉孩子：只有拥有了更多的技能，你才能选择更适合自己的方向；只有拥有了更大的平台，你才能在厌倦的朝九晚五里，选择去旅行。

而要想得到这样的多重选择权，当下需要做出不懈的学习和努力。永远没有无用的学习，永远也没有白费的努力。

给妈妈的 心里话 | 妈妈的目标，要让孩子踮起脚尖就能够得着

TIP 1　不要对孩子期待过高

孩子对这个世界最初的认知来源于家庭，来自于父母。望子成龙、望女成凤的愿望每个家长都有，谁都希望自己的孩子出类拔萃，但如果你对他的期待过高，表现得过于急迫，那么你的孩子可能坚持不到梦想实现的那天就垮掉了。

当然，这并不是说对孩子抱有期待是错的，只是首先你要确定自己的孩子有这方面的能力。你可以让孩子接触艺术，提升他的素质修养，但不能强迫孩子在这个领域里站到拔尖，因为艺术是需要一定的天分的。

另外，你可以帮孩子找到他的梦想，但想要走到梦想的彼岸，需要一个阶段一个阶段地奋斗，如果一开始就给他制订了一个现阶段难以企及的目标，那除了会给孩子带来挫败感和自卑感之外毫无

意义。目标应该是孩子能够看得见、够得着的。这样在孩子达成了阶段性的目标之后，才能充满信心和成就感，才能有勇气迈向下一个目标。

TIP 2 调整期望值的天平

调整期望值的天平这件事妈妈们必须重视，可以从以下几点进行调整：

1. 不要把目标设置得太高，适当降低期望值。期望值过高的话，如果孩子没能达成，那么家长很难坦然接受，此时你的失落和失望是会被孩子感受到并影响他的信心的。看待孩子的成长，应该有一个基准，比如这次的成绩不符合你的期待，但比上一次进步了，那么就应该开心，要肯定孩子的进步，鼓励孩子加油，这样孩子才有继续努力的动力。

设置合理的阶段性目标，这样孩子比较容易结合实际找到方向努力，更容易达成你的期待。

2. 给孩子一个合理的定位也是家长需要做到的，不要以别家孩子的成绩来评判自己的孩子，要让他体会到过程的重要性，感受到进步的快乐，这样才能让他有明晰的方向，在过程中感受到成功的喜悦。没必要把第一名作为孩子的阶段性目标，如果你的孩子在第十名，那么你可以在孩子获得第五名的时候给予奖励，帮孩子减压，让他自己找到奋斗的动力和自主性。

3.不要把自己的压力转嫁到孩子的身上。有些家长比较喜欢"邀功"，把单纯的事情变得复杂，比如有些家长喜欢说："爸爸妈妈努力挣钱都是为了让你有更优越的条件好好学习，你要对得起爸爸妈妈的付出啊！"这话看上去是为了刺激孩子，让孩子更加懂得努力，但实际上这会传递一种负面情绪，让孩子产生自卑感和内疚感，无法做到心无旁骛地前进。

Chapter 08 冷却爆炸力：再气再急，也别实施棍棒教育

孩子不打不成材？

中国传统教育中有这样一句话，叫"棍棒底下出孝子"，而且很多家长都奉行这样的教育理念。类似这样的话语还有很多，比如"三天不打，上房揭瓦"，这无一不是在告诉家长要孩子成材不犯错就一定要使用暴力。

虽说很多人才是在这样的教育方式下长大的，但并没有直接证据证明他们的成材全凭父母的棍棒教育。时代在改变，教育理念也在不断升级，时至今日，很多家长都知道了这种教育的不可取，但大部分家长并没有完全摒弃这种方式，毕竟自己也是在父母的这种教育方法中成长到今天的。

可是，社会进步到了今天，是否应该反思一下，这样的教育是否真的有必要？是否该用更好的教育方式替代棍棒教育？很多妈妈

都不是真的有暴力倾向，甚至有时候在打完孩子后妈妈就先哭了，一来是因为生气动了手，二来也是因为心疼孩子而感到愧疚。更何况，已经有越来越多的证据表明棍棒教育的弊端远远大于其正面效果。

近年来青少年自杀比例不断上涨，这其中有很大一部分原因是亲子矛盾。据报道，一名初中生在母亲打骂过他之后就直接跃下了立交桥，当场身亡！

这些血淋淋的案例应该引起父母们的反思了，成长阶段的孩子情绪自控能力差，很容易冲动，他们在冲动的时候，往往是考虑不到事情的后果的，而妈妈如果只是简单粗暴地使用打骂教育，就非常容易激发孩子的冲动，进而造成不可挽回的可怕后果。

中国青少年研究中心曾经进行过未成年人犯罪调查，发现其中很多未成年人都经受过棍棒教育，虽然不能说他们的问题都是棍棒教育造成的，但这种粗暴的教育方式一定影响了孩子，加剧了不良行为的产生。都说父母是孩子的第一任老师，父母的行为会直接影响孩子，棍棒教育会让孩子相信暴力可以解决问题，在日后遇事也可能会选择诉诸暴力。

究其根源，之所以会有棍棒教育一说，是因为无知的家长认为可以通过暴力起到威慑的作用，孩子出于恐惧而不敢造次。这只是家长的想法，确实，孩子可能因为害怕打骂而暂时克服不正确的行为，但事实上这只是治标不治本，孩子并不一定会真正认识到自己的错误，而且容易为了躲避打骂而选择说谎。脾气暴躁的孩子受这种不良影响有可能脾气更加暴躁，甚至有暴力倾向，而性格怯懦的孩子在这样的教育环境下会变得畏首畏尾、逆来顺受。

作为妈妈，首先要纠正自己奉行的"孩子不打不成材"的错误教育理念，调整自己的情绪。在孩子犯错的时候，告诉自己不要跟着脾气走，先数 10 个数，让自己冷静一些，按捺住自己的情绪，找回理智。

小华的妈妈就曾是一个暴脾气，但她深知棍棒教育不能解决问题，而且孩子的自尊心比较强，所以在小华犯错的时候，她在教育小华之前会先反省自己。有一次小华不听老师的话逃学了，小华妈妈在接到老师电话的瞬间火气就上来了，她知道小华肯定是偷偷回家玩游戏了，所以她没有马上回家，而是先平静情绪，在想好要怎么做之后才回家。小华看到妈妈回家后吓坏了，但妈妈照常让小华做完作业之后吃饭，等他吃完饭后再找他沟通："妈妈今天接到了你们班主任的电话，说你逃学了，为什么？"

小华见妈妈知道自己逃了学，马上承认了错误，小华的妈妈心平气和地跟小华讲道理，让他认识到自己的错误，小华再也没有逃过学。

孩子远比家长想得聪明，他也知道自己做的事情是对是错，但如果你直接使用暴力，那么孩子做错事的愧疚会烟消云散，转成对你的愤怒。因此家长要学会控制自己的情绪，学会跟孩子沟通，毕竟教育孩子的目的是让他知道对与错，而不是树立作为家长的绝对威严。放下暴力，孩子才会看到你的苦心。

"喷火龙妈妈" 到底多么可怕

洛洛的妈妈是一个职场女强人，在工作中说一不二，但她没想到自己的儿子和自己性格完全不像，做事磨磨蹭蹭，一点也不专心。于是在洛洛家的饭桌上永远会出现相同的一幕——洛洛吃饭走神，妈妈批评他，洛洛像是没听见，然后妈妈发火吼他，洛洛大哭，哭得上气不接下气，有时候还会打嗝。

这样的情况让洛洛妈很是苦恼。在她看来，孩子如果能够乖乖听自己的话，自己也没有必要发火，但儿子总是会把自己逼到发火那一步，然后谁都不愉快。但奇怪的是，洛洛似乎只在家里有这样的问题，在幼儿园的时候好像也没有听到老师说他不好好吃饭，这让洛洛妈认定了儿子是跟自己作对。

有一次，洛洛又在饭桌上走神，洛洛妈愤怒地拍案而起，刚要发火，发现自己的儿子竟然把双手挡在头前，就像是一个防卫的动作，她一下子惊住了，没想到自己在儿子的眼里竟是那么的恐怖！

随着时代的不断发展，生活节奏越来越快，很多妈妈不光有育儿的任务，还有社会责任，白天在单位忙了一天，回家还要面对时刻可能犯错的孩子，于是有些妈妈就直接把单位的那一套搬到了家里，却没想过这种方式对孩子是一种伤害。

在职场上论对错可能是最直接而有效的方法，但是对于孩子而言就不是这样了。毕竟小孩子对于是非对错并没有一个特别明确的认知，如果你直接原地爆发，那么孩子并不知道自己错在了哪里，而且会因为恐惧对你产生排斥，与你渐渐产生距离感，当你发现孩子离你很远的时候再想要沟通就不那么容易了。

很多家长觉得不能让孩子做温室的花朵，但在花朵还是一朵花骨朵的时候，应该精心呵护。孩子的内心就像是娇弱的花，如果你奉行粗暴的教育方式，那么这朵花可能还处于萌芽期就被扼杀了。成长中的孩子需要的是探索这个世界，如果妈妈像一个喷火龙，那么孩子就会畏首畏尾，什么都不敢轻易尝试，因为不知道哪一步就触了妈妈的雷区。

当然也有另一种可能，这种可能所带来的结果更加可怕。

妞妞虽然是个女孩子，但却比男孩子脾气还暴躁，刚上幼儿园就敢和妈妈对着吼了，在家里稍有不顺心就要摔玩具，在家不小心摔倒了也要愤怒地跺脚踩地面。每当这种时候妈妈就会企图压制女儿的怒火，但是最后的结果往往是针尖对麦芒，一大一小吵起来，妈妈大嗓门讲道理的时候妞妞就捂着耳朵尖叫。

有一次妈妈接到了幼儿园老师的电话，说妞妞抢小朋友的玩具把小朋友的脸抓坏了。妞妞的妈妈生气地当着老师的面打了妞妞的屁股，结果妞妞非但不认错，还一边大哭一边喊："讨厌你！讨厌你！"经过这个事情之后，其他的小朋友也不敢跟妞妞玩了，觉得她就是一个小霸王。

相信没有哪位妈妈愿意自己的孩子因为暴脾气成为"校园一霸"，但很多孩子的暴脾气其实是跟父母学来的。在妞妞妈妈看来，自己可以通过发火的方式让妞妞服从，谁知妞妞耳濡目染，也想当然地认为当自己发火就可以达成目的，一来二去，就渐渐变成了暴脾气宝宝。

小孩子无法分辨是非对错，妈妈可以通过讲道理的方式让孩子明白，知道什么该做什么不该做。单纯地对孩子发脾气，尤其是突然而至的怒火会让孩子变得不知所措，孩子恐惧之下也就完全听不进去家长讲的道理了。

教育不是为了树立家长的权威，而是为了纠正孩子的错误行为，让他健康地成长。如果你的孩子已经在你的影响之下有了暴脾气的苗头，那么妈妈们就需要注意了。

首先，要从自身入手，如果你是一个暴脾气的妈妈，那么就要学会压制自己的情绪，在爆发前先深呼吸，默默数数，压制怒火让理智回笼，这样你自己就能想到更加合适的方法。

　　其次，要和自己的孩子一起约定，让孩子监视自己发火的问题，这样不仅有利于控制自己的情绪，也有利于加强亲子关系。

　　情绪是我们内心世界的一个反光镜，如果你是一个"喷火龙妈妈"，那么你内心的负面情绪肯定是不少的，虽然你觉得自己隐藏了负面情绪，但你的一言一行都会把这种情绪传递给内心敏感的孩子。只有家长能够控制自己的情绪了，理智了，心态平和了，才能教会孩子以积极平和的态度去面对生活。

简单粗暴，并不是解决问题的良药

面对孩子的教育问题，妈妈们可谓想尽了办法。其实对于很多妈妈而言，在教育孩子方面付出的时间和精力往往要比爸爸多得多，因此很多妈妈在生完孩子之后在职场上就有些力不从心了，好像一切都围着孩子转，尤其是那些曾经叱咤职场的妈妈们，很多都对这种极大的落差感感到不适应。

因此，有些妈妈为了能够在教育孩子的同时找回属于自己的生活，会选择一些对其而言直接有效的办法，比如打骂，这种方式虽然简单粗暴，但看上去确实有效果。然而，如果这样想那就错了，这种方式看似解决了当时的问题，但是造成的副作用却是大大的！

小信的妈妈年近 40 岁才生下他，而他又是家中的独子，因此父母对他寄予厚望，对他的要求也就严格了很多。小信的爸爸妈妈由于年纪比较大了，在带孩子的时候总觉得力不从心，面对小信的调皮捣蛋，什么方法能让他最快安静下来，爸爸妈妈就会使用什么方法。因此小信从小就习惯了爸爸妈妈的"恐吓式"教育。

随着小信的成长，简单的恐吓已经不起作用了，因此爸爸妈妈的行为也略有升级。小信的学习成绩一直处在中游，升入四年级之后，功课有些跟不上，成绩有一些下滑。这让小信又是难过又是害怕。在期中考试成绩下来后，他觉得回家的路都像是通往"地狱"的门，想到爸爸妈妈可能有的反应，他就心跳加速、手心冒汗。

到家之后，妈妈看他垂头丧气的样子，就开始盘问："我刚刚看班级群里你们老师说期中考试成绩出来了，你考得怎么样？"小信低头不语，磨蹭了半天才鼓足勇气把试卷拿了出来。妈妈看到试卷后就连珠炮一样地说道："你看看你！都这么大了，天天就知道玩，一点不自觉！你看咱家隔壁的小杰，跟你一个班，每次都是前三名！就你这点出息还总和人家一块儿玩呢！你就不能学学人家？笨死了你！"

虽然早就习惯了妈妈的这种样子，但她这次说出来的话还是让小信很伤心，但是他不敢辩驳，只是默默地低着头，但这副没有回应的样子让妈妈越说越气，甚至用手指来回点小信的头，那一刻小信觉得自己所有的面子和自信都散落了一地。

对于有些家长而言，孩子做错了事，或者没有达成目标，批评就是例行公事，不过有些时候自己情绪上来了就难免越说越激动，最终就像小信的妈妈那样忍不住动手。但我们不妨扪心自问，此时你的目的还是教育孩子吗？还是在借机发泄自己的不满？

教育孩子的目的是纠正他的一些行为，或者说改正其一些错误的想法，而不是让他对你感到害怕、恐惧。要想从根本上解决问题，就必须让孩子认识到这样做为什么是错误的，而不是单纯地阻止孩子去做，否则他并不能从内心说服自己再不犯同类的错误。而且简单粗暴的方式会直接切断孩子与你沟通交流的欲望。

长此以往，等孩子到了叛逆期，大概率就会发生无法打开孩子心门的尴尬情况，那个时候妈妈除了后悔也没有其他办法了。因此，在孩子有错误需要纠正的时候，妈妈们先要摒弃简单粗暴的方法，稳定自己的情绪，然后动之以情、晓之以理地跟孩子讲他哪里做错了，为什么是错的，采用这种劝服、引导的方式，往往也更加有效。

理智的教育方式不仅能够纠正孩子的错误行为，还能让孩子认识到错误的根源以及正确的做法，这样才能从根本上教育孩子、解决问题，让孩子能够辨别是非对错，明确努力方向，以健全的人格健康快乐地成长。

非暴力沟通，孩子才会用心听

随着时代的进步，很多妈妈已经意识到了粗暴教育方式的不可取，也决心不会对孩子使用暴力，让自己童年时期的"悲剧"重演。但当脾气上来的时候，却又无法控制自己的情绪。为什么？还不是你跟孩子讲道理，但孩子根本不听你的道理！

确实，正如一句流行话所说："再可爱的孩子也有忍不住想打他的时候！"孩子一哭闹哪里还会乖乖地听你讲道理？很多妈妈使用"暴力"其实是为了让孩子能够平静下来听自己讲。举例来说，孩子哭闹的时候，家长越大声讲话，他就哭得越厉害，这种时候家长就会通过"恐吓"的方式让孩子平静下来，比如会说诸如"你再哭我就打你了啊"这样的话，很多妈妈对这句话不陌生，自己也说过，觉得这没有什么大不了的，自己也没有真的想要打孩子，只是为了让他平静下来。

但事实上，语言暴力也是一种暴力，就算你没有当真，孩子却会当真，就算这种方式一点也起不到切实的作用。但不管你出于什么目的使用了暴力，都毁坏了你和孩子沟通的桥梁。

小磊是一个性格活泼的男孩子，从小就有很多人喜欢，上了幼儿园之后因为喜欢唱歌还认识了好几个志同道合的好朋友，大家平时在一起很开心，但也因为关系很近，有时候大家难免会有冲突和摩擦。

有一次，小磊和小鹏因为一点小事拌了几句嘴，两个小男孩都为了维护自己的自尊而不愿认输，于是越说越生气，越吵越激烈，最后升级到了动手，小鹏的鼻子流了鼻血，小磊嘴角也受了伤。老师拉开他们之后就通知了双方家长。双方家长来的时候两个小孩都脸红脖子粗地站在那儿，结果小鹏的妈妈不分青红皂白直接就冲小鹏吼道："你这个小兔崽子，才多大就学会打架了！"说着还要上手打儿子，小磊的妈妈和老师赶紧拦住了，小磊和小鹏都哭了。小磊的妈妈没有训斥儿子，而是拉着小磊一起跟小鹏和小鹏的妈妈道了歉，然后二话没说就把小磊带回了家里。

到家之后小磊的妈妈让小磊先面壁思过，半个小时之后把小磊叫到了跟前，问道："妈妈让你面壁思过觉得委屈吗？"小磊摇了摇头，妈妈继续问道："你们两个谁先动的手？"小磊低下了头。妈妈又问道："你们因为什么打架？"

"我们一起唱歌，我有一句唱跑音了，小鹏笑话我，我就笑话他老是忘词，然后就越吵越厉害，最后我生气就打了他。"小磊说着说着又哭了。

"你是觉得丢了面子所以跟好朋友吵架，但就像你口是心非说小鹏一样，小鹏笑话你是不是也是朋友间的玩笑呢？如果你觉得朋友比面子重要，那么道歉就没有什么可丢人的，而且承认自己的错误是很勇敢的行为。"

妈妈说完之后小磊想了想，决定第二天跟好朋友道歉。第二天小磊向小鹏道歉之后，小鹏也向小磊承认了自己的错误，两个好朋友又和好如初了。

小孩子没有明辨是非对错的能力，因此妈妈需要对孩子加以引导，而这一切都是建立在沟通的基础上的，如果像小鹏的妈妈那样上来就直接教训，那么孩子的自尊心会让他更加嘴硬，不承认自己的错误。

自尊心不是成人才有的，小孩子的自尊心更应该保护，否则孩子不是变成了没有自尊心的人，就是变成了拒绝承认错误的人，哪一种都不是家长教育孩子的目的。

与孩子相互理解，沟通才能顺畅，俯下身来以孩子的视角去看问题，有时候就不会那么着急生气了。不要因为发脾气而使用各种暴力，这样反而会激起孩子的反抗意识。即便需要批评孩子，也不要当着大庭广众公开训斥，这样孩子才能用心听，真正认识到自己的错误。要知道，想伤害孩子的自尊心很简单，但重建他的自信却是一个无比困难而漫长的过程。

改变一下传统的教育思维吧，不要为了自己的面子而舍弃了孩子的面子，最好的教育，就是抛开家长的身段，蹲下来正视孩子。

给妈妈的心里话 惩戒应该有，过度不能够

TIP 1 语言暴力不可取

"你这孩子怎么这么犟！我说那么多还不是为你好，真恨不得掐死你算了！"

——当孩子面对自己的教导头一梗，无动于衷，很多妈妈瞬间爆炸，非打即骂。老实说，妈妈都快被孩子折磨得心理完全失控了！

怎么能让孩子听话？假如世上真有听话药，估计妈妈们一定不惜一切代价，立马让孩子服下。然而，世上没有听话药！

一位妈妈抱怨说："我一直非常注意女儿的成长，特别是她的缺点，我会想方设法让她改正。为此，我天天说、月月说，真是磨破了嘴、气坏了肺。刚开始她还听，慢慢地她就置若罔闻，继续我行我素。现在，我实在想不出用什么方法来管教她了！"

这位妈妈的苦恼，其实是孩子对反复出现的某类刺激所产生的

一种习惯性倾向，心理反应变得迟钝或弱化，这是目前很多父母都在遭遇的一件头痛事。

那么，为什么会出现这种情况？

孩子有了过错以后，很多父母批评孩子，并不是对事不对人，而是用简单的否定，粗暴的训斥、讽刺来对待孩子："你真是要笨死啊！……就你这样的还能有什么出息？……"

要知道，这类语言最伤孩子的自尊心，心理敏感的孩子会因此变得对任何事情都无所谓，甚至自暴自弃、不思进取。

TIP 2 不当惩罚，只能影响孩子的成长

国外教育心理学专家通过多年调查得出结论：对孩子实施不当惩罚，只会影响孩子的成长。

孩子年幼时，看到父母发火，就会表现出紧张、焦虑的情绪，父母越是打骂，他们哭声越大；进入青春期以后，他们的叛逆心理则会超出正常范围，经常选择不理智的举动，以此来对抗父母的惩罚。

当问起这些孩子时，他们总会这样回答："我那么做也是没办法。因为我知道，如果我犯了错误，爸爸妈妈肯定不会轻饶我的。既然如此，我何不进行反抗呢？谁让他们这么对我！"

孩子的这话，相信妈妈们看了一定心惊肉跳。所以，面对孩

子的错误，妈妈们还是尽量忘记"打骂"这件事吧。教育，不是打骂这么简单，而是应该通过合理的手段，让孩子认识到错误，主动加以改正。这样，孩子不但会汲取经验，而且当他下次犯错误的时候，也不会由于怕父母责罚而恐惧和撒谎。

TIP 3　停止爆炸，解决问题

面对孩子的错误，希望妈妈们能停止爆炸，不要动不动就大声斥骂，甚至打孩子，而是要找到适当的方法，给孩子适度的惩罚。

给大家提几点建议。

1. 妈妈要克制自己的怒气：面对孩子的错误，妈妈首先要控制自己的愤怒情绪，先想想孩子为何会出现这个错误，怎样避免下次再犯。

2. 给孩子解释的机会：妈妈应询问孩子犯错的原因，借此了解孩子这样做的目的，并且适时教育，纠正其偏差的观念及行为。

3. 预先和孩子定好处罚方式：比如，事前告诉孩子，一旦犯了什么错误，就要减少零食的数量、少给零花钱、两天不能看电视等，让孩子心里有数，而不是提心吊胆地想"还不知道他们怎么惩罚我呢"。

4. 采用隔离式惩罚的方法：看到孩子做错了事，妈妈自然不会高兴，想要对他进行惩罚。但是，拳脚相加并不是最好的方式。

妈妈可以采取"暂时隔离"的处罚方式。"暂时隔离"就是在孩子犯错时，让他坐在角落的一张椅子上，以一岁一分钟为原则，思考一下自己的行为。需要注意的是，这种方法不是要家长把孩子囚禁。处罚的同时，要让孩子明白自己做错了什么，因为孩子如果不明白自己为何受罚，那么处罚就没有意义了。同时，妈妈还要保持语气上的平和，万万不可表现出威胁、暴躁的口吻。

5. 惩罚时别忘了正面引导：有的妈妈在惩罚孩子时，还不忘说"你真不争气""没出息的东西"此类的话，如此责备，只能把孩子往歪路上推。懂得教育的妈妈，应当是在惩罚结束后，用肯定的语言，如"你是有出息的""肯定会争气"等，给予正确引导。只有让孩子意识到了错，愿意进行改变，他才能真正取得进步，并体会到妈妈对自己的心，进一步融洽亲子间的关系。

Chapter 09 建立同理心：接纳力，成就孩子和自己一生的幸福力

孩子眼中的世界，和你看到的不一样

虽然这个世界对于孩子来说还有一些陌生，但是孩子眼中的世界比大人看到的更精彩：

在小孩眼中白云是棉花糖做的，有甜甜的味道
玩具小熊是有生命的，植物是会说话的
世界是用来探险的，没有规则之分
孩子的眼睛永远是明亮清澈的
……

孩子的世界最单纯，因为他们有强烈的好奇心，永远有问不完的问题，他们不仅会问："一年为什么会有四季"，还想了解"为什

么会下雨下雪"，"为什么我们会长大"……孩子用明亮的眼睛和百般的热忱去探索、去发现，体验成长带来的美妙感觉。

孩子的世界充满希望和爱，没有那么多的烦恼。孩子的快乐永远是简单的，会因为一个小礼物手舞足蹈。一句夸奖，一个拥抱，都能让孩子开心一整天。孩子的世界特别纯粹，开心就笑，难过就哭，总是用真诚的心对待这个世界。

如果我们想要了解孩子眼中的世界，不妨将眼睛放到和孩子的眼睛同样的高度，用心看看他们在看什么。

有了孩子之后，我总是喜欢用照片或视频来记录孩子在生活中的种种瞬间。美国著名国家地理杂志曾专门为儿童创办了一场摄影比赛。那些孩子眼里的世界，震撼到很多人。再小的孩子，也有自己对这个世界的看法。他们用自己独特的童心去探索这个未知的世界，慢慢形成属于自己的记忆和成长光影。

我们多站在孩子的角度看世界，也许会发现不一样的风景。

曾看过这样一个故事：有一位节目主持人，在节目中设置了这样一个情景，一架飞机满载乘客，飞行途中没油了，可飞机上只有一个降落伞。主持人问参与节目的孩子想把这伞给谁用？孩子几乎不假思索地回答："给我自己用。"台下有的观众在心里想：这是多么自私的孩子！可主持人没有急于评判，而是蹲下来用温和的语气问孩子为什么，孩子满脸泪水说道："我要跳下去找到油，回来救所有人。"在场的所有人都被感动了。

孩子的世界是那么简单与纯粹。

孩子眼中的世界是丰富多彩的。我们有时候会把孩子的天性当作缺点，把喜欢独立思考的小孩定义为不合群；把喜欢发表意见的小孩定义为捣蛋鬼；把喜欢躲在角落里做手工的小孩定义为孤傲；把喜欢说话的小孩定义为话痨。

我们常常抱怨孩子让我们头疼，总是觉得孩子做什么事情都需要我们大人指导。

养孩子的过程中，很多父母深深地感受到：不是有心，就能做好父母。而且最重要的一点，自己没有的东西，那么也几乎给不了孩子，哪怕自己再有心。于是就很容易产生一个循环。

但是在孩子眼中，我们大人也有很多地方让他们不解。

有一句话说：儿童对自己的观念是发明而不是发现。

孩子眼中看到的世界是美好的，他们对一切都好奇，期待探索和发现更多的事物。

为什么说一个人童年的经历，是构成一个人一生的底色呢？

因为我们每个人来到这世上时，都是一张白纸。最初几年生活的经历、感受，毫无疑问在孩子心理、情感世界中打上了烙印，使他们对这个世界有了最基本的感受。

这种感受，往往不自觉地影响一个人一辈子。

在大人眼中一辆普通的汽车，在孩子眼中就是拯救世界的变形金刚；在大人眼中家是休息的地方，然而在孩子眼中却成了他们的大大世界，是他们人生中第一个游乐场；在大人眼中一个普通的玩偶，在孩子眼中却是陪伴他们很久的好伙伴。

有时候我们需要站在孩子的角度去看世界，多一份宽容，多一份耐心，用足够的爱和温暖去理解他们眼中有趣的世界。

古人说，不识庐山真面目，只缘身在此山中。想要真正了解一个人或一件事，不要仅仅站在一个角度去看待，否则就会永远不识庐山真面目。

当我们站在孩子的角度，就会看到一个和成人完全不同的世界，就会发现孩子心中那个有趣的、纯真的、充满爱的世界。不要认为孩子太过幼稚天真，其实他们才是我们真正羡慕的人。

白天不懂夜的黑，"鸡妈"不懂娃的悲

去年夏日的一天我在公交车站等公交车，偶遇一对赶公交车的母女。一个小女孩在和妈妈一起跑过来时，不小心摔了一跤，哭得停不下来。小女孩的膝盖破了，红红的伤口上沾着泥污。她僵着受伤的那条腿，敞开喉咙放声大哭，仿佛受了天大的伤害。

一旁的大人应该是她的妈妈，本来刚开始还在劝慰，可她哭得停不下来，妈妈不耐烦了，皱着眉头喊："行了！能不能别哭了，就是破了点皮，很快就好了，都是因为你，咱们连公交车都没赶上。"

可是，无论是温柔的劝慰，还是大声的训斥，都没办法让小女孩停下来哭泣。

可能，对于孩子的悲伤和担忧，妈妈因为自己的原因没能完全体会到。

世上的每一个人都是独立的个体，这意味着，我们不可能完全体会到另一个人的感受，哪怕这对象是自己的孩子。但是，就算不

能完全体会，父母至少还可以给孩子理解和宽容，这些一样能慰藉孩子的心灵。

孩子的感受，家长也许不懂，但一定要尊重。

不要因为他是孩子，就以为他的世界简单到只有疼与不疼、听话与不听话、坚强与不坚强；不要因为他是孩子，就主观臆断他的感受，用大人的行为准则去评判他。

我们千万不要在孩子痛苦的时候，再雪上加霜。

我们可以不懂孩子的感受，但一定不要否定孩子的感受。因为孩子有他所处那个阶段的烦恼和忧愁。

作家傅首尔曾在微博上分享了她小时候为了见自己妈妈一面喝洗洁精的经历。

她说，童年的大部分时间都在冷脸冷眼、轻视责骂，以及无限的期待与要求中度过，没有感受过温情，也不知道被人抱在怀里没事儿亲一口是什么感觉。

长大后的她，和学霸、才子、摇滚青年都谈过恋爱，但都无疾而终。

因为她打心底里，根本就不敢相信爱情："我很难喜欢谁，即使喜欢了也喜欢被补偿，更别提忘我地爱谁。"

被伤害过的她，心里总有一个受伤哭泣的小孩，宁愿假装坚强，也不愿意展露自己脆弱的地方。

其实每一个小孩，都需要父母的理解和关爱。

不管在童年，还是成年后，当一个人没能得到足够的关心和爱护时，他们的内心就会变得多愁善感，成为一个没有安全感的人，也会让自己变得情绪化。当自己的感受没办法被父母理解时，当事与愿违时，孩子就会愤怒、悲伤、恐慌，甚至发展为抑郁症、焦虑症……长大后，就会变得患得患失，特别容易焦虑。

有的妈妈会说，小孩子嘛，能有什么烦恼。

我们大人每天辛苦工作，为了家庭为了孩子，已经是身心疲惫，孩子只有学习一件事，能有什么大不了的心事。

如果孩子把自己的心事、想法和妈妈分享，妈妈只是当成笑话在听，那么时间久了，孩子就会情绪化，变得脆弱敏感，丧失好的性格、好的关系、好的生活。

因为，孩子的需求得不到满足、情绪得不到释放、价值观得不到肯定，孩子的内心就会感到很悲伤。

而且在童年时缺失的那份爱，长大后会以叛逆、冷漠、抗拒沟通等形式加倍地"偿还"给生活。

甚至也会破坏孩子将来和伴侣的亲密关系，让长大后的孩子缺乏安全感，爱得小心翼翼，害怕失去，经常用降低自尊讨好来换取伴侣的关心，让他们在工作中没自信，总害怕做错事，不敢拒绝，没有自己的判断和决策，在关键时刻"掉链子"。

所以家长的爱才是治愈孩子悲伤的最好良药。

只有孩子的悲伤和心情被看见、被疗愈，他们才能快乐健康地成长，孩子的内心才会真正成长，真正感到快乐。

我们与孩子一起成长，才是对生活最深度的疗愈。

孩子的世界虽然没有那么复杂，但是他们也会面对很多压力，需要在我们爱的关怀下变得更加坚强，家长要为孩子搭好牢固的地基，让他们能够以更好的心态应对生活中的狂风暴雨。

我们需要用心地和孩子对话。

我们要走到孩子的内心中，给他们足够的支持、关注和爱。

这样孩子长大后，自然会变成一个内心真正强大的人。

不要以上帝视角，自定义孩子的事情

不管多小的孩子，都有自己的思想。虽然孩子的世界很小，但是小小的身躯也有他小小的思考，需要我们大人用心来倾听他们的声音。

有的孩子总是把自己的东西牢牢占据着，很多大人会觉得孩子不懂分享，觉得孩子自私，其实孩子在很小的时候就开始有物权意识，也就是常说的"小气"。只要是自己的东西都不能被别人玩或者用。这并不是自私，而是物权意识的到来，小小的孩子也会用自己的努力维护自己喜欢的东西。

所以家长不能用自己的视角定义孩子。

家长常常会犯一个错误，那就是，觉得自己的孩子一无是处，心想孩子肯定不会成功。

有这样想法的家长会不自觉地把注意力放到这一件事上：成绩。

如果只关注孩子眼下的成绩而对孩子要求过高，那么孩子取得的成绩也是短暂的、稍纵即逝的。

那么，在快乐和成绩之外，我们应该关注什么呢？

我们应该为孩子将来的发展和成功做准备，培育有发展潜力的孩子。

当家长把目标放长远，就可以对培育孩子有新的视角，就会把孩子培养成有韧性、有终生好学精神和有社交能力、高情商，并且具有创造力和创新力的人。

很多家长都在困惑一个问题，那就是应该对孩子提出什么样的期许？

如果我们把人生看作一场 100 米赛跑，我们会尽一切可能冲向终点，不顾一切。因为一旦摔倒、一旦落后，我们就输了，在这样的竞赛里，我们经不起一丁点失败。

但是我们的人生更像是一场马拉松，需要把目标设定得更长远。哪怕中途跌倒，只要有足够的勇气和耐心，爬起来继续跑，也能够早早地冲到终点。

也因为如此，我们真的不能用自己的视角，去自定义孩子。

如果我们总是把好成绩定义为成功，那么孩子就会认为每一场考试、每一次活动、每一次竞赛都会影响自己的一生，就会天天生活在这种紧张和焦虑之中。

如果家长把"成功"定义成为三好学生、考好的大学、将来有好的工作，那么家长就会把孩子的成长过程变成制作名校申请履历表的过程。

每个孩子都不想辜负父母对自己的期望，都会为之付出巨大的努力。

好的家长都期望孩子能展现出他们的美好天性及优良品质。重点不在于他们取得的外在成就，而在于期望他们作为一个人在内在素质各方面有很高的整体质量。

好多父母都没有真正地去了解孩子，总是误以为孩子有无限的潜力，所以就绞尽脑汁地琢磨怎样才能让孩子达到最高的成就，用孩子取得的成绩与奖项去衡量孩子的发展。

很多家长缺乏对孩子的正确理解和认识，用社会上统一的"成材标准"去要求孩子，结果不但不利于孩子成长，反而还可能会埋没原本很聪明的孩子。

当家长不去定义孩子，孩子的状态就会很放松，他们的快乐和创造力才会得到更大空间的释放。我们去用心关注孩子的内心感受，不给他们施加太多的压力，这样反而会激发孩子的内在动力，让孩子取得更好的成就。

假如我们尊重孩子的生活方式，孩子反而会离我们更近。因为你的鼓励会使孩子变得更加独立，也更明白独立自由需要自己去努力赢得。

如果过多地定义和控制孩子，孩子就会远离你。不要把给孩子的爱当成是交换的条件，让孩子觉得自己只有优秀了，才配得到父母的爱，其实家长要爱孩子这个人，而不是他们取得的成就，这才是家长给孩子最大的力量。

一个家长最大的成功就是培养一个身心健康的成年人。

家长要做的应是：了解孩子的特点，理解他，创造适合他成长的环境。

给妈妈的
心里话

孩子"不务正业"，要诱导而不是"一刀切"

TIP 1　不要过早地给孩子设限

好多家长会觉得自家孩子太过淘气、贪玩、不务正业，这让他们很烦恼。怎样才能让自己的孩子听话，去做该做的事情呢？

其实不要过早地给孩子设限，用框架来规定孩子应该做什么。

孩子在每个阶段的创造力是不同的，有时候大人眼中的"不务正业"可能就是孩子独特个性之所在。

他们有的因为自己的兴趣一直坚持、深入探究，最终真的"玩"出了名堂。

男孩钟美美模仿老师的表演太过精彩形象，让每一个看过视频的人都不由大呼：这个孩子好有趣！但是也有很多家长看来，这就是在耽误孩子学习，让孩子不务正业。

可是我觉得钟美美很好地利用了自己的天赋，而且在他的背后，有着一位支持他的特别明智的妈妈。他的妈妈表示，只要钟美美不影响自己的学习，她是绝对不会去干涉他的兴趣的，他可以尽情地去尝试。

其实人生就是一个体验的过程，这样的妈妈才是真正拥有远见的妈妈。

TIP 2　孩子是通过体验去建构自我的

很多家长为了所谓的赢在起跑线，会很功利地替孩子抉择兴趣，不考虑孩子的个性，一直都根据学什么有发展就让孩子去学什么。

其实有些孩子并不喜欢父母安排的那些内容，只能硬着头皮去学，结果可想而知。

孩子是通过体验去建构自我的。我们的接纳和允许能让孩子安心，当孩子不用反复向父母求证自己足够好时，他们就可以专心体验外部世界了。

对于一个孩子来说可以尽情地体验事物，便是自由，他们在体验了充分的自由之后，会基于自己内心的需求做出选择，收获一份成熟，他们会带着这份成熟，勇敢地去做自己，那样孩子就能真正地找到自己的人生方向。

Chapter 10 刺激自驱力：孩子成材的关键，其实是产生内在动机

满足孩子内心的自主需求，唤醒孩子的自驱力

有时候，我很容易因为孩子的事情焦虑，我也一直在问自己，我希望女儿的作业做得又快又好，我希望她练琴不要我催催催，我希望她的阅读计划能顺利进行……

感觉女儿面对学习经常有一种力不从心的感觉，对待学业总是有沉重的负担。因为我们作为家长总是觉得孩子学得还不够多、不够快，所以会不自觉地持续给孩子加压。再加上和他人进行比较，孩子从学习中根本得不到成就感和安心感，沉重的学习压力减弱了她的自驱力。

在陪伴女儿成长的这些年，我也经常因为她写作业拖拉或者不认真而发脾气。

特别是刚入小学时，她很不适应，一写作业就发愁。

所以，当女儿边哭边把那些我擦掉让她重写的内容慢慢完成的时候，我在一旁生气地看着她，她小小的心里也在生气。

那时，我们心里都很不好受。

作为一个大人，我们可以随时调整自己的情绪，随时让自己安静下来，甚至可以随时躺平。

可是作为一个孩子，很多时候，她们内心的想法不敢表达出来，有时刚表现出来一点点，就被大人给否定掉了。

"听我的肯定没有错！"

"你只有这样做才不会被老师批评！"

"不要找借口，不要拖延时间！"

……

指责和控制的声音很多；倾听和询问的话语却很少。

所以，慢慢地我开始反思，是孩子做得不好吗？还是我自己没有关注到孩子的内心？

有一句话说："对大人而言，最难的是转变态度。我们不能把孩子当成一个'问题'来纠正，同时，也要放弃'成年人总有正确答案'的想法。"

我们应该让孩子因为兴趣而做，而且在做的时候尽量感觉到快乐。

这样的学习，才能激发孩子的自驱力。

这样的感受，能让孩子保持终身学习的动力和热情。

我觉得无论是自觉学习的意愿，还是钻研难题的毅力，本质上都是"自驱力"程度的体现。

自驱力的本意是"自我"驱动做事的能力，那学习就只和孩子自己有关，父母老师做的事再怎么有帮助，那也只能叫作"外驱力"，就算是行之有效也无益于孩子自驱力本身的提高。这就相当于大树总是保护着小树，或者像手拉手领着孩子向前跑，一旦大人停下了撤掉了外力，孩子就不知道如何向前。

正如《把信送给加西亚》的作者阿尔伯特·哈伯德说的那样："当父母为孩子做太多时，孩子就不会为自己做太多。"

自我决定理论认为，人有三大基本心理需求：自主需求、能力需求和关系需求。

自我决定论的人类三种基本需求

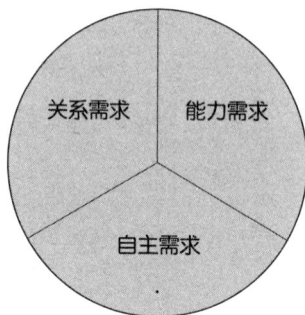

很多家长在育儿时最烦恼的事情之一，就是好多事情告诉了孩子很多遍，可是孩子不但不听，还有很多负面情绪。

实际上，被动不如主动，"自驱力"是孩子自己成长的任务，要让孩子感觉到自己的"价值感"。孩子做完一件自己喜欢的事情后，内心会感到满足：原来我可以做到的，原来我真的很棒，我是有价值的。

孩子会为了追求这样的价值感，愿意把一件事不停地深入地做下去，就算是中途遇到困难，也只会让他们感觉更加有趣。

我们要相信孩子成长的力量，信任自己的小孩，当他们拥有了掌控感和选择权，发现他们自己要对自己做的事负责，他们就会很慎重地对待自己的行为。

我们不要总是抱怨孩子做事不积极，做事拖延爱犯错，当孩子害怕犯错、害怕尝试和抉择、无法支配和掌控自己生活的时候，他又如何能做到支配和掌控自己的思维呢？

哪怕孩子现在慢一点、笨一点、差一点，只要一切都是他自己做的，而并非依靠外力的辅助，那他每学会一点点东西、每掌握一点点的内容，都具有非凡的意义。

我们要做到让孩子有归属感，因为面对父母的接纳和包容，孩子会感觉自己无论做什么，父母都不会变脸，都会包容自己。归属感被充分满足的孩子，也会更加用心去做自己喜欢的事情。

当孩子通过自己的努力，发现自己确实可以完成一些目标时，他们就会产生一定的胜任感。而且随着孩子成功经验的增多，他们对学习的自信心也会越来越强，周围人的认可也会让孩子有归属感，促使孩子的学习积极性变得更强。

自驱力是自我成长的根本动力，我很认同一个理念，教育从来都不是严控、反抗，而是尊重、平等，和善与坚定同行。我们要帮助孩子提出问题：我想要什么？我喜欢什么？我擅长什么？

首先，我们作为家长要帮助孩子发现自我，帮助孩子学会寻找自己的优势，发现孩子感兴趣的事物。然后帮助孩子制订一些可实现的小目标，让孩子专注于点滴小事，做到自律自觉，逐渐变得有力量。有目标感的孩子，会更懂得将目标转化成行动，并且形成习惯，慢慢拥有强大的意志力。

然后家长要学会对孩子进行鼓励，给予孩子充分的支持。

鲁道夫·德雷克斯在《孩子挑战》中提到：鼓励孩子，一半指的是避免羞辱或过度保护的行为，从而不会令他们气馁。如果我们的行为让孩子感到对自己缺乏信心，就容易造成孩子气馁。另外一半指的是学会鼓励孩子。只要我们表达出对孩子勇气和自我认知信念的支持，我们就鼓励了孩子。

简·尼尔森说：鼓励是给孩子提供机会，让他们培养"我有能力，我能贡献，我能影响发生在我身上的事情，我能知道我该怎么回应"的感知力；鼓励是教给孩子在日常生活和人际关系中所必需的人生技能和社会责任感；鼓励可以简单到是一个帮助孩子感觉好起来从而做得更好的拥抱。

给孩子以耐心、时间和空间，并允许孩子"犯错误"，充分发挥他们的极限去完成一个任务。根据孩子的年龄，父母可以提供"最少"的帮助，而不要完全"替代"他们去完成，这种带有最大限度"自主完成"的过程会增强孩子的胜任感和自主感，从而让他们的自驱力变强。这样孩子才会有更多的信心去挑战下一个难关。

作为家长，我们要学会尊重孩子，让孩子不再围绕着大人的想法和感觉转，学会关注他们自己的内心世界。孩子会发现父母的爱给了他们安全感，而他们也会朝着家庭和社会的期待，去成为爱学习、积极生活的人。

只有父母能够给孩子足够的空间去探索，去尝试新的事物，孩子才有可能变得更勇敢。

只有点燃孩子的热情，才能激发出孩子身上无穷的潜力。

对世界保持好奇之心。随着阅历的增长，对这个世界的了解更加深入，孩子会激发内心的那股力量，最终形成自驱力。

　　自驱力需要一个从量变到质变的过程，如果父母转变思维方式，把捆绑陪读模式改为激发孩子的内驱力，孩子也会更愿意做出正确的选择，并且为自己的选择做出努力。

你多余的担心，其实会令孩子根基不稳

父母对孩子的焦虑和担忧是与生俱来的，遇到一点小问题都会烦恼不已：

今天在学校好不好？被老师批评了吗？有同学欺负你吗？

不好好复习，考试怎么办？

你一个人去好朋友家怎么行？你记得路吗？遇到坏人怎么办？

……

几乎每一个当妈的，都曾经历过这样的时刻。

然而，父母的过度担心，对孩子来说可能成为一种伤害。

因为家长的过度担心，本质是对孩子的不信任。

实际上，很多家长都低估了孩子自身的潜力，很多事情并不是他们不会做，而是家长根本不相信他们，也不愿意给孩子机会。

心理学上有个墨菲定律：任何事都没有表面看起来那么简单，如果你担心某种情况发生，那么它就更有可能发生。

有时候家长越有意无意地强调，所担心的事情就越有可能发生。

比如孩子在比赛前，父母反反复复强调："一定不要发挥失误！一定要取得好成绩！"本来抱着平常心去参赛的孩子，看到父母这么担心焦虑，也会跟着紧张起来，在比赛中就会不自觉地发挥失误。

再比如孩子尝试着扫地和刷碗，妈妈看到总是忍不住大声提醒："你扫得一点都不干净，小心别把碗打破，如果打破了，就再也别洗了！"孩子瞬间变得畏手畏脚。面对家长的过度担心，孩子感受到的是自己的无能。这种行为的潜台词是：你还小，如果没有妈妈在，你一件事都做不成。

父母的过度担心，似乎总在提醒即将发生的坏事，孩子也很容易被父母传达的这种负面暗示所影响。

同样，如果完成学业、待人接物、就业婚姻这每一个环节父母都操碎了心，想方设法替孩子多做一点，那么孩子就很少有机会展示自己的能力，孩子的独立性和责任感也就变得越来越差。

其实，每个孩子都是在一件件小事中不断成长的，当他成功地学会一件事情后，他受到的鼓励会越来越多，这才是自信和独立的开始。

父母都很会为孩子着想，担心他们的人生发展，这些我们都很能理解。只是，这样的担心和干预需要保持一个合适的度。过度的担心反而会在亲子关系里起到负面作用。父母总是对孩子不放心，时时提醒，而孩子就会感觉到爸爸妈妈并不信任我的能力，我在爸爸妈妈的心里不是一个能干的孩子。更何况担忧会给孩子造成压力，他们感受到父母寄予了厚望，可能会对自己有更高的要求。一旦无法达到父母的要求，很多孩子就会丧气，最终不堪忍受这样的压力，萌生出放弃的念头。

人生时期不同，重点也不同，当孩子需要照顾时，我们放弃自己的兴趣无可厚非，毕竟那是我们最重要的人。但是在孩子开始成长的时候还是要学会放手。

家长要多给自己一些时间，拾起自己的兴趣爱好，给自己留出独处放松的时间，留些锻炼保养自己的时间，你是什么样，孩子就是什么样。

孩子的成长，需要父母放手，放手不是让父母放松监管，更不是袖手旁观，而是让孩子去做那些自己会做的、能做的事情。

我们要在充分了解孩子的基础上，把孩子当成独立的人，鼓励孩子做出自己的选择，让孩子对自己做出的选择承担后果。

当家长不再焦虑担心，孩子就不会焦虑。

真正爱孩子，绝不是因为过度担心而把他呵护得无微不至，重要的是，要让他在无数的经历和挫折中成长，这才是真正负责任的爱。

别用外力破坏孩子的内在动机

婴儿一出生，就不断向外抓取，寻求外界对自己的满足。婴儿的宗旨是，整个世界与我一体，世界要无条件地围着我转，满足我的所有需求，这样我就会怡然自得。

如果婴幼儿时期的全能自恋被充分满足，孩子就具备稳定的自我存在感。也就是说"我"先存在了，然后才能安心地去做自己想做的事情。

而婴幼儿时期全能自恋受到严重挫折的孩子，他的内在没有存在感，没有自己的中心。

很多人会说，我家孩子很内向，见到陌生人总是不敢说话，总要找妈妈之类的，那也是因为孩子的专注力被破坏，安全感不足。当婴幼儿不断地被满足，在吃、睡、玩和陪伴上完全地得到满足的时候，他就会对外界充满完全的热情和动力。只是很多家长会在孩子的婴幼儿阶段，就不停地教育孩子要大胆、要礼貌、要独立，这反而让孩子不知所措了。

一个孩子在婴幼儿时期，最主要的诉求就是被父母及时满足。当孩子到了儿童时期，他的主要诉求变成了自由探索、不被评判和打扰。在这个阶段，很多家长会有意无意地用外力破坏孩子的内在动力。

很多在生活中被父母干扰太多的孩子，会没有自己的中心，总是要向外"抓取"，要么到外面去找好玩的事儿，要么显摆自己以赢得关注，长大之后，不能静下心来长久地做一件事情。因为他们的内心总是缺乏安全感，若没有外界事物来分散他的注意力，他一碰触到自己的内在，就会莫名其妙地坐立不安、空虚迷茫。不能仔细地感受自己、观察自己、反思自己，匮乏自我成长的能力。

这样的孩子，因为缺乏由内而外生发出的持久的内驱力，会进而丧失规划自己人生的能力。

作为父母，不要破坏孩子的内驱力。

孩子在成长的过程中，总是会对各种事情充满好奇心。生活中的酸甜苦辣，其实都是需要孩子自己探索的，但是有的家长会过度干涉，不让孩子随着天性发展，总是给孩子灌输家长个人的意愿，这样一来，给孩子造成的印象是，学习和生活都是为了获得父母的认可，是出于生存危机的恐惧，天然的内驱力就这样被替换成了外驱力。

一个孩子玩玩具的时候，也是一种体验的过程。而大人打扰孩子的体验，也就破坏了孩子的专注力。当这种打扰经常发生，家长的干扰会让孩子体验不到玩玩具的整个乐趣，会导致孩子对当下所做的事情失去快乐的体验，之后就会出现家长口中所说的坐不住、没耐心、只喜欢看电视玩手机、学习不认真之类的现象。

外力除了破坏专注力，还会给孩子增加恐惧和愧疚感。比如协助孩子"再不听话妈妈就不爱你了"，让孩子内心缺乏安全感；为了一些目的，恐吓孩子"你要是不刷牙，虫子就会来抓你""你要是不好好学习，将来考不上好大学，你的人生就毁了"。

那些为了让孩子听话而吓唬孩子的小手段，会在无形中削弱孩子内的力量。孩子一旦没有按照妈妈的要求做，就会在内心产生愧疚，在天然的爱与愧疚中消耗力量。

这些教育孩子的方式，其实都是基于限制性的教育观念。

孩子的内在动力，是就事物或活动本身而言，也就是说，孩子认为所学的事物或活动本身就是目的，觉得这些事物或活动本身有趣味、有意义、有价值，会给他们带来挑战与成就感，当一个孩子拥有高度内在动机，就是学习的最高境界。

当孩子在学习历程当中整个人都很投入、很专注、很享受的时候，这个历程本身就是奖赏，千万不要用过多的外力去干涉。

虽然外力也能驱动一个人，但它带来的感觉是较劲、痛苦和内耗。靠外驱力支撑的人，能量难以持久，早晚会遭遇反噬。

很多孩子在很小的时候被父母步步紧盯着考出好成绩，等高中或大学住校后成绩往往急转直下。好多男孩上了大学后，离开父母的外力，整天沉迷游戏，生活变得一团糟。这就是长期活在外力的压迫中最终遭遇反噬的结果。

如果家长长期用外力干涉孩子，等孩子长大后，他们总是被动地等待被安排做事，总是被动地去生活。在做一件事情的时候，他们没法拥有由内而外的热情和创造力。

内在动力是很直接的，就是一个人的全身心都想去表达和创造，充满了热情和力量。每个人都有自己的内在动力，它是生命力本身。作为父母来说，我们要尽量保护孩子的内在动力，而不要用外力破坏它。

这需要父母明确自己和孩子的界限，不把自己的要求、期待、焦虑、恐惧加到孩子身上。

父母做好这些，孩子就能听从内在的召唤，发展自己，拥有更多的能量和创造力。

我们努力维护好孩子的专注力，就是在培养孩子的内在力量。当一个孩子对一件事情有充分的体验和信心，他们就能自信地表达和捍卫自己的观点。当孩子的观点和感受得到被尊重的时候，他们的内心力量就会稳定增长，让自己在成长的路上实现人格的完整和独立。

| 给妈妈的 心里话 | **从放心到放手，妈妈适当佛系，孩子少点压力** |

TIP 1　身懒心不懒

做妈妈可以稍微懒一些，如果太勤快了，不但辛苦了自己，也剥夺了孩子成长的机会。

好多妈妈就是把孩子抓得太紧了，替孩子做了很多事情，如果放手，这些事情都让孩子自己去做，妈妈每天自然就会轻松很多，会多出一些自己的时间。而且自己做事情对于孩子来说也是一种成长，这个社会的竞争这么激烈，必须早早锻炼孩子自行解决问题的能力。

但这事说起来容易，做起来难，妈妈们都会觉得孩子需要自己，得随时随地在孩子身边给予温暖。

有些时候并不是孩子不行，而是妈妈们觉得孩子不行，要事事自己过手，结果不但苦了自己，又耽误了孩子的成长。

可是过度的包办会导致孩子的过度依赖。妈妈在身边时孩子可以依赖，如果长大后妈妈不在身边，孩子又可以依赖谁？生活是不是会变得一团糟。

让孩子"独立自主"成长，孩子会更容易懂得感恩，知道父母的辛苦和不易。佛系妈妈最关键的一点就是要做到"身懒心不懒"。我们要尽量不在孩子面前表现得过于焦虑，通过尽早制订学习目标、及时和孩子沟通、创造和谐家庭氛围、合理家庭分工等方式，创造让孩子独立做事的环境，给孩子独立自主、敢于尝试的机会。

这样才能潜移默化、不动声色地帮助孩子。

TIP 2 "佛系"一点

每个孩子的成长，归根结底都是孩子自己的事情，任何人都替代不了。

哪怕父母现在帮他做得再多、再全面，对孩子成长的本质来说，都无济于事。

只有让孩子自己不断地尝试、试错、实践，才能够让他们掌握各种生活技能，获取经验，学会自立、自我管理。

在管孩子这件事上，明智的父母都懂得"佛系"一点。

"佛系"并不是完全撒手不管。爱与关心，情感上的沟通与交流，都是必要的。

关键在于父母是不是懂得什么是孩子应该自己负责的事情。

父母要弄清楚，帮孩子做的事情是孩子自己的任务，还是做父母的任务。

如果是孩子自己的事，那么妈妈就要佛系一点，忍得住一时之急，给孩子充分的信任和一定的时间，让孩子自己体验行为带来的后果，承担相应责任，逐渐形成孩子的自觉意识。

当孩子慢慢地形成对自己负责的意识，孩子就会自发地调整自己的行为，而且这种由他自己意识导致的主动转变，比父母"管"出来的行为要有意义得多。

妈妈们要适当"佛系"一点，给孩子更多独立和自主，让孩子更好地去成长。

后 记

让孩子像孩子那样长大

纪伯伦有一首诗：

你的儿女其实不是你的儿女

他们是生命对自身渴望而诞生的孩子

他们借助你来到这世界

却非因你而来

他们在你身旁却并不属于你

你可以给予他们的是你的爱

却不是你的想法

因为他们有自己的想法

你可以庇护的是他们的身体

却不是他们的灵魂

因为他们的灵魂属于明天

属于你做梦也无法到达的明天

　　当我们要求孩子像大人一样成熟、稳重、精进时，我们是在把自己的想法强加到孩子身上，这对孩子来说，是一种巨大的不公平。

　　著名心理学教授钱铭怡在《青少年人格与父母养育方式的相关研究报告》中指出，父母的负面教育会直接影响其子女的性格。

父母的态度与方式	子女的性格
1. 支配性的	依赖性，服从，消极，缺乏独立性
2. 溺爱的	任性，骄傲，利己主义，缺乏独立精神，情绪不稳定
3. 过于保护的	缺乏社会性，任性，依赖，被动，胆怯，深思，沉默的，亲切的
4. 过于严厉的（经常打骂）	顽固，冷酷，残忍，独立的；或怯懦的，缺乏自信心、自尊心，言从，不诚实
5. 民主的	独立的，协作的，社交的，亲切的，天真，有毅力和创造精神，直爽，大胆，机灵
6. 忽视的	妒忌，情绪不安，创造力差，甚至有厌世轻生的情绪
7. 父母意见分歧的	易生气的，警惕性高的；或两面讨好，好说谎，投机取巧

　　为人父母，我们该明白，每个孩子都有自己的成长规律。

　　一岁流口水，两岁吃手指，三岁抢东西，四岁没礼貌，五岁调皮，七岁八岁惹人嫌，这所有的坏习惯、坏毛病，其实都是他们对自己行为规则、对世界运行底线的一种探索。

　　这些毛病是不好，但它们是成长必经的过程。而我们要做的，是放平心态，尊重孩子的成长规律，学会牵着蜗牛散步，耐心地等待孩子长大。

我们要允许孩子犯错，允许孩子不优秀，允许孩子像孩子一样长大。

让孩子像孩子一样长大，让他有更多机会享受他的童年，让他放肆奔跑释放体能，让他高声尖叫宣扬快乐，让他号啕大哭发泄情绪，让他爬高下低地去探索这个丰富多彩的世界。

让孩子，就只做一个孩子。

社会学家欧文·戈夫曼曾在《日常生活中的自我呈现》一书中提出"拟剧论"一说，即在社会生活交往过程中，为了某种目的，人们会通过阅读和学习培养各种礼仪和谈话技巧，并为自己擦脂抹粉，以确保自己他人眼中的形象是自己想展示的类型。

其实成长的过程就和演员在表演中塑造角色的过程相类似，我们经常说：人生如戏，戏如人生。

从某种角度来说，人生就是一个大舞台。在这个舞台上，我们扮演着各种角色，而那些角色会随着人生阶段、场合而不断变换，每个角色都有自己要承担的责任。

有些演员因为过分投入角色，拍摄结束后无法从中抽离，结果影响到了现实生活。

同样，我们在人生的某个阶段，如果对自己的角色产生认识偏差，也会让生活陷入混乱。

这种情况女性尤甚，因为成为"妈妈"的转变在女性的生命历程中是很特殊的一个阶段，就像一场地震，掀起了从生理到心理天翻地覆般的改变。

有孩子后，"如何养育"就成了妈妈们生活中的一个重要部分，但我们可以看到在养育孩子的过程中，很多女性开始逐渐失去自我。正如一段话所说："对于妈妈这个角色而言，最大的成就感来自养育孩子的过程。只是在这个过程中，过于强调了养育的部分，而忽略了妈妈作为独立个体的需求。"

当我们被"妈妈"这个角色淹没，忽略了作为"自己"的个体需求时，矛盾就会不断在生活中出现，常有妈妈说："我为了你，失去了一切，你还不听话！"类似这种带着强烈控诉感的话语，恰恰证明了妈妈们遗忘了自我，从而将人生的压力转嫁到孩子身上。

事实是，没有一个人应该承担、可以承担另一个人的人生。

想要真正养育好孩子，关键就在于养育好妈妈自己，正所谓：育儿先育己。

让妈妈像妈妈，让孩子像孩子。妈妈要用自己的成长照亮孩子成长，把人生的方向指标交给你的心去指引并决定去往哪里，理性行动，即在定出方向之后，把如何执行以及达到目标的过程交给你的大脑，通过冷静的思考、细致的规划去帮助你走到终点。

"孩子永远长不大"，相信每一位母亲在心中都是这么认为的。

再大的孩子，只要有妈在，孩子就是有人疼的宝贝。虽然母亲迥异，真正的母爱却都是相同的。

不管长大以后，你走多远，那份爱都会一直伴随左右，随着四季更替，护你周全。

我们都会在某一个瞬间，突然觉得自己长大了，仿佛被点通了任督二脉，世间万物皆顺。

而当了父母的我们，也会在某一刻发现，孩子也在不知不觉中长大了，不再是让父母担惊受怕的小孩，而是思想独立、行动自由的大孩子了。

其实这个时期最考验父母。孩子长大了，我们需要给孩子空间。

需要和孩子沟通，而不是没有询问孩子的需求，直接按照大人的想法与要求事无巨细地照顾他们。

孩子需要的不仅仅是爱、是呵护，他们需要的更多的是尊重与理解、认同与欣赏。

孩子更愿意为父母付出，做一些具体的事情，从而体现自己的价值。

其实，孩子比你想象的更爱你。

孩子小的时候，如果跑出去玩，你会不安，总是担心孩子被人欺负、摔伤，甚至脑补孩子被人拐骗的画面。

孩子长大后，你出去吃饭，孩子会叮嘱你小心开车，不要饮酒，中途还会不停地打电话给你，唯恐你出意外。

那份认真，像极了曾经的你。

不管你接不接受，孩子都在一天天地长大。

其实，孩子什么都懂。

只是，你不愿意相信孩子会懂，你无法接受自己就这样老去了，你不想失去被需要的感觉，你不能把孩子当作独立的个体，你习惯被依赖，你觉得孩子永远属于你。

但是，我们要明白，孩子，只能成为他自己。

每个孩子能做的都是他们所属年龄段应该做的，永远不要用大人的标准去要求孩子，因为他们的自控力达不到大人的水平，要用孩子的眼光看世界，这样你会明白很多行为背后的动机：孩子不是真的想惹妈妈生气，社会的规则那么复杂，指望一个孩子去理解大人的世界，那孩子能用于自我成长的能量一定就少了。

孩子有坏习惯时，如果父母的接纳方式得当，他身上的坏习惯会自然地消失。

孩子的问题，不一定是父母本身的责任，而是父母说话的方式造成的。

我们要明白语言的力量，你说孩子是什么，孩子就会成为什么。

更重要的是，你觉得孩子，正好是你内心中认同的那个样子，最后，孩子他就会真的成为你说的那样。

孩子的表现是父母的一面镜子：我们对他人的感受，实际上是我们自己内心的反射。同样地，在对待孩子时，我们实际上是在面对一面镜子。

父母同样受到文化、家族力量的影响。在孩子面前，我们首先要做的，是重新审视自己。

父母内心的宁静、稳定对孩子十分重要。

请让每一个孩子都像植物一样体验着四季交替，活成他本来的样子。